Chinese Economists 50 Forum
中国经济 50 人论坛丛书

走进中国经济 50 人论坛
握手中国最有影响力的群体经济学家

中国经济50人论坛丛书
Chinese Economists 50 Forum

中国经济
新 发 展

白重恩 蔡 昉 樊 纲 江小涓
隆国强 杨伟民 易 纲 主编

中国出版集团
中译出版社

图书在版编目（CIP）数据

中国经济新发展 / 白重恩等主编 . -- 北京：中译出版社 , 2022.9
ISBN 978-7-5001-7079-2

Ⅰ . ①中… Ⅱ . ①白… Ⅲ . ①中国经济—经济发展—研究 Ⅳ . ① F124

中国版本图书馆 CIP 数据核字 (2022) 第 077614 号

中国经济新发展
Zhongguo Jingji Xinfazhan

著　者：白重恩　蔡　昉　樊　纲　江小涓　隆国强　杨伟民　易　纲
策划编辑：朱小兰　于　宇　薛　宇　李梦琳
责任编辑：朱小兰　于　宇
文字编辑：薛　宇　李梦琳
营销编辑：杨　菲

出版发行：中译出版社
地　　址：北京市西城区新街口外大街 28 号普天德胜大厦主楼 4 层
电　　话：（010）68002494（编辑部）
邮　　编：100088
电子邮箱：book@ctph.com.cn
网　　址：http://www.ctph.com.cn

印　　刷：北京顶佳世纪印刷有限公司
经　　销：新华书店
规　　格：710 mm×1000 mm　1/16
印　　张：20
字　　数：212 千字
版　　次：2022 年 9 月第 1 版
印　　次：2022 年 9 月第 1 次印刷

ISBN 978-7-5001-7079-2　　　　定价：79.00 元

版权所有　侵权必究
中　译　出　版　社

编委会名单

编委会成员(以姓名拼音字母为序):

白重恩　蔡昉　樊纲　江小涓　隆国强　杨伟民　易纲

编辑工作人员:

徐剑　朱莉　杨春

目 录

第一章　加快构建以国内大循环为主体、国内国际双循环相互促进的新发展格局
　　一、为什么：构建新发展格局的重要意义　　004
　　二、是什么：构建新发展格局的基本内涵　　007
　　三、干什么：构建新发展格局的重点任务　　013
　　四、怎么干：构建新发展格局的主要措施　　031

第二章　减税降费问题研究
　　一、如何定义宏观税负的高低　　036
　　二、中国的宏观税负水平是否合理　　040
　　三、为何企业对于减税降费的获得感不强　　043
　　四、如何提高中国企业的税制竞争力　　047

第三章　金融监管需从形式走向实质
　　一、近期金融风险明显上升　　053
　　二、金融监管的必要性　　060
　　三、监管的有效性不足　　068
　　四、监管改革的方向　　074

第四章　乡村振兴与农业农村现代化
　　一、明确乡村功能定位　　084

二、持续推进农村改革发展　　091
　　三、重塑城乡工农关系，加快化解发展不平衡、
　　　　不充分的矛盾　　105

第五章　准确把握"十四五"规划的几个重大问题
　　一、"十四五"时期面临的国内外环境和条件　　115
　　二、"十四五"时期的新发展格局　　125
　　三、"十四五"时期几个重大发展战略问题　　129

第六章　社会养老保险体制改革的重点问题
　　一、相关概念　　145
　　二、社会养老保险基本原理　　146
　　三、社会养老保险体制多种模式　　146
　　四、各种模式的利弊分析　　148
　　五、代际补偿的处理办法　　151
　　六、企业职工社会养老保险行政管理体制　　152
　　七、我国社会养老保险的缺陷和产生的原因　　153
　　八、现存的社会养老保险运作模式和管理体制
　　　　可持续性堪忧　　155
　　九、已经采取和需要进一步采取的改进措施　　156

第七章　气候变化的经济学理论与政策
　　一、气候变化的经济学　　165
　　二、气候变化的发展经济学　　170
　　三、中国的发展与《巴黎协定》　　177
　　四、可供选择的政策与机制　　179
　　五、中国的成就、做法、问题与建议　　183

第八章 "十四五"时期数字经济发展与治理
- 一、数字技术创造新增长空间　　192
- 二、数字技术创新全球化新机遇　　198

第九章 新发展阶段的中国制造业发展新格局
- 一、两个大局观下的新发展阶段　　216
- 二、新发展格局的关键与本质特征　　222
- 三、"十四五"时期中国制造业的发展　　231

第十章 中国经济的调整与展望
- 一、2021年的经济形势　　239
- 二、2001—2020年中国经济结构的调整　　241
- 三、中长期的经济增长展望　　255

第十一章 数字货币与中央银行
- 一、数字革命：供给方式演变对中央银行的挑战　　269
- 二、历史逻辑：货币数字化发展脉络和技术路线　　272
- 三、时代挑战：稳定币的性质及其国际货币特征　　276
- 四、管理命题：中央银行数字货币的萌芽和趋势　　280

第十二章 共享生产率成果的中国方案
- 一、初次分配要发挥决定性的作用　　291
- 二、政府主导的再分配如何与时俱进　　297
- 三、第三次分配更应强调企业社会责任　　301

附录1 / 307

附录2 / 308

附录3 / 311

中国经济 50 人论坛丛书
Chinese Economists 50 Forum

第一章　加快构建以国内大循环为主体、国内国际双循环相互促进的新发展格局[1]

杨伟民[2]

---

[1] 本文根据 2021 年 3 月 25 日长安讲坛第 374 期内容整理而成。
[2] 杨伟民，论坛学术委员会成员，第十三届全国政协常委、经济委员会副主任。

2020年10月,党的十九届五中全会通过了"十四五"规划建议,2021年的全国"两会"通过了"十四五"规划纲要。"十四五"规划的基本逻辑就是"三个新":立足新发展阶段,贯彻新发展理念,构建新发展格局。

立足新发展阶段,就是从2021年"十四五"规划开始,我国将进入全面建设社会主义现代化国家的新发展阶段。改革开放以来,从"六五"计划到"十三五"规划,我国已经制定和实施了八个五年规划,这八个五年规划都是围绕"小康"两个字展开的。20世纪最后20年的目标是小康生活,21世纪前20年的目标是小康社会。我们党的目标是到2035年基本实现社会主义现代化,到2050年建成社会主义现代化强国。所以从2021年开始,目标不一样了,我们称为"新发展阶段"。当然,新发展阶段仍然是社会主义初级阶段当中的一个阶段。

贯彻新发展理念，就是贯彻落实创新、协调、绿色、开放、共享的新发展理念，这是"十三五"规划时期提出来的。党的十八大以来，习近平总书记发表了一系列重要论述，如"三期叠加"、经济发展新常态、供给侧结构性改革、不以GDP论英雄等，其中最核心的就是新发展理念。

构建新发展格局，就是经济发展的基本思路要在现有的发展路径或发展格局中进一步优化，这样我国才能实现未来30年的目标。现在社会上对新发展格局的认识并不是很一致，甚至还存在一些误区。今天我以此为主题，谈谈个人的一些认识和体会。我将从四个方面展开论述，分别是为什么、是什么、干什么、怎么干。

一、为什么：构建新发展格局的重要意义

综观全球，我国正面临百年未有之大变局，其中一个重大变量是美国对我国遏制战略进一步升级。从2018年加征关税到现在，美国通过各种各样的借口对我国的经济、贸易、国防、外交、人员往来、教育等进行全方位遏制。这是国际环境的一个非常重大的变化。

我国之前制定和实施的八个五年规划目标都是小康，现在我们要向第二个百年奋斗目标进军，原来的发展格局可能会不适应新形势、新目标。到2035年我国要基本实现社会主义现代化，"十四五"规划建议中讲了九个方面的目标，其中最具典型意义或者量化目标

性质的是，到 2035 年人均国内生产总值（GDP）达到中等发达国家水平。习近平总书记在"十四五"规划建议的说明中也明确提出，到 2035 年实现经济总量或人均收入翻一番目标。翻一番，就是中国 GDP 年均增速要保持在 4.73%。

目前，我国经济长期向好的基本面没有变。我国有出色的领导力、强大的凝聚力、高效的动员力、坚定的执行力等中国特色社会主义的内生力，有持续改革不断释放的强大动力，有全球最完整、规模最大的工业体系和强大的生产能力，有庞大的人力资本，有14 亿人口和 4 亿中等收入群体的强大市场等。然而，这些都是潜在的增长条件，如何把这些条件变成现实增长，把长期的、潜在的增长变成实际增长，还需要做一些改变、调整和优化。

图 1.1 是 2001—2019 年我国经济增速，可以看到，这是一个"倒 V 形"，顶点是国际金融危机之前的 2007 年，增速为 14.2%，因为遇到了国际金融危机，之后我国经济增速明显下降。由于我国采取了力度比较大的措施，有效应对了国际金融危机冲击，所以 2008 年、2009 年经济仍保持了 9% 以上的增速，2010 年经济增速达到一个新的峰值——10.6%。在此之后，经济增长速度持续下滑。从基本走出国际金融危机影响的 2012 年开始，到 2019 年，我国的经济增长速度年均下滑 0.27 个百分点。这期间，我国也实施了一些积极的财政政策和适度的货币政策，但经济增长速度仍然在下滑。这说明我国的发展格局存在着如果没有政策支撑，经济增长速度就会惯性下滑的机理或机制。也就是说，在我国经济的"循环系统"中，"血管"的某些环节有堵塞，没办法保持原来的增长速度。

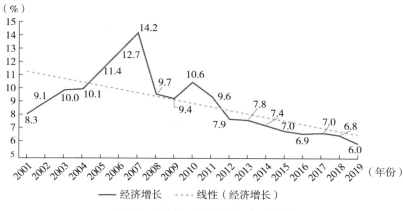

图 1.1　2001—2019 年我国经济增速

经济增长到一定阶段,增长速度下滑具有必然性,但是如果每年下滑就可能出现问题了。2001—2019 年,只有 2017 年经济增速稳住了,因为 2015 年年底提出了供给侧结构性改革,2016 年实施了"三去一降一补",效果最明显的是去产能。通过去产能稳住了生产资料的价格,企业有钱可赚,再加上 2017 年出口恢复,所以 2017 年的经济增长比 2016 年提高了 0.1 个百分点。但从 2018 年开始,由于美国对我国发起贸易摩擦,增长速度又开始减慢,2019 年我国经济增速只有 6.0%。2020 年受新冠肺炎疫情影响,我国经济增速只有 2.2%,即使没有疫情冲击,我国经济可能也很难保持 6% 的增长水平。

所以,我们有必要探讨,在这个经济发展格局或者经济循环中,到底存在什么问题阻碍着经济长期增长潜力的释放。如果按照原来的格局,经济增速年均下滑 0.27 个百分点,到 2035 年经济总量只比 2020 年增长 80%~90%,无法实现翻一番,难以确保到 2035

年人均GDP达到中等发达国家水平。我们党的初心和使命是让人民过上好日子，实现中华民族的伟大复兴。但是如果经济增速持续下滑，就会影响我国实现第二个百年奋斗的目标。

从大国博弈的角度来看，如果我国经济增速保持在4.73%，美国年均GDP增长2%，我国可能会在2035年前后超过美国，这是大国博弈的一个重要经济基础。大国博弈涉及经济、政治、文化、科技、国防等各个领域，但经济发展依然是基础。没有经济、没有GDP、没有财政，就没有在科技和国防上的资金投入。所以，把经济稳住是构建新发展格局的意义与必要性所在。

二、是什么：构建新发展格局的基本内涵

经济循环或者经济格局可以从四个层面来看。

第一个层面是要实现总供求的平衡。什么是总供给呢？大体来讲就是国内总生产加进口。什么是总需求呢？大体来讲就是国内总需求加出口。按照GDP统计方法计算两者肯定是平衡的。

第二个层面是国内生产或者国内供给与国内需求的均衡，如果不均衡就会形成进出口之差。

第三个层面需要从GDP核算的三种方法来看：第一种是生产法，第二种是分配法，第三种是支出法。从经济循环的角度来讲GDP核算要经过三个环节，生产是起点，分配是过程，收入转化为支出是终点，生产、分配、支出三者互相关联、循环往复、螺旋扩大，这就是经济循环。

在生产端，我国每天都要产出成千上万种的产品，可分为三类产品：第一类是一般消费品和服务性消费品；第二类是生产或者投资用的产品，像钢铁、水泥等产品，主要用于生产和扩大再生产；第三类是公共产品，如教育、医疗、社会安全等。

在分配端，生产决定分配，由三个部门共同享有创造的新价值：一是劳动所有者的劳动报酬；二是企业得到的利润和折旧；三是生产税净额，各种各样的税费加在一起，再减去给企业的补贴，这是政府的收入。

在支出端，分配决定了支出。分配给劳动者报酬多少，决定了居民可支配收入的高低，居民可支配收入的高低又决定了消费的多少。当然，劳动报酬或可支配收入不会全部花掉，居民可能要储蓄一部分或者是用于养老、买房子，这些并不能全部转化为当期消费。在利润和折旧方面，严格来讲利润可能有一部分也会转化为消费。我们假设利润全部用于扩大再生产，折旧是对投资的报酬，投资要用于购买生产品或者投资品。政府需要雇用教师、医生，给居民提供公共服务，这一部分就需要购买公共产品。

第四个层面是任何一个国家或经济体都是开放的循环。在开放状态下，生产过程可能需要大量进口生产资料，比如我国要大量进口原油、铁矿石、大豆等，同时也有一部分用于消费。进口和出口这两者也要均衡，当然也不可能年年都恰好保持进口与出口的均衡状态。

这是从一般意义上来讲经济循环和新发展格局的状态。

构建新发展格局是一个战略目标或发展路径或政策导向，不再是理论上的简单模型。正确地理解新发展格局，要把握好以下六个关键词。

第一个关键词是格局。要构建一种能够适应新发展阶段，实现新发展目标，贯彻新发展理念，不需要过多的政策刺激，就能实现与潜在经济增长速度相匹配的新发展格局。如果我国实现了潜在增长，那就是良性的增长。我相信我国未来的经济增长速度肯定会大大超过美国。美国有3亿多人口，我国有14亿多人口，虽然我国的老龄化速度正在加快，但是如果我国有10亿人口变成中等收入群体，那么我国中等收入群体的数量就是美国总人口的三倍，所以14亿多人口的消费能力肯定大大超过美国。

当前社会上有很多关于新发展格局的讨论，有人是从构建新发展格局的一个长句中把"双循环"三个字拎出来，将构建新发展格局简化为"双循环"，这是不准确的。从语法的角度就可以看出，"以国内大循环为主体"是一个定语。新发展格局首先是以国内大循环为主体，其次才是国内国际双循环相互促进。前面是国内主体，后面是国内国际相互促进，中间加了双循环，实际上双循环是在进一步描述国内国际循环，落脚点或者重点在于双循环的相互促进。

假设不考虑第一个定语，那至少要突出把握第二个定语当中的"相互促进"。因为我国的经济本来就是双循环的，构建新发展格局的重点在于国内国际循环进一步相互促进，让国际循环离不开我国的大循环，增强我国国内循环对国际循环的磁力。美国要遏制我国，但如果离开中国这个大市场，一些美国企业就经营不下去，这样我国就有了主动权。所以关键是能不能将我国的国内大市场做大,从而加强国内国际循环的相互促进。

第二个关键词是循环。循环包括之前讲的三个环节:生产、分配、支出之间的循环,以及生产与生产、生产与分配、分配与支出、支出与生产的循环。生产中的三类产品,分配中的三个部门,支出中的三个领域各自之间也要循环畅通。比如,生产的消费品数量等于居民得到的劳动报酬,又等于消费支出(假定没有储蓄)。如果生产消费品数量多,而劳动报酬少,对消费品的支出就少,那么消费品肯定过剩。反过来,如果消费品少,而劳动报酬多,那么消费就得不到满足。现在对于我国有些产品和服务,人们是有消费欲望与需求的,但是生产与需求不匹配,难以满足消费需求,从而影响经济增速。

第三个关键词是开放,要构建国内国际双循环相互促进的新发展格局,就要扩大开放。我国仍然要当好"世界工厂"。中国是一个大国,大国经济的特征就是产业门类齐全,因此需要种类繁多的、大量的基础原材料和能源。由于我国国内资源不足以支撑上百万亿元的经济总量和14亿多人口消费,所以需要大量进口。比如,大豆资源很紧缺,进口依存度达80%以上;每年都要大量进口原油,进口依存度在70%左右;我国钢产量世界第一,但超过80%的铁矿石需要进口。所以我国必须当好"世界工厂",只有大量出口,才能换回我国所需要的能源和基础原材料。同时,我国还要争取成为"世界市场"。

以国内大循环为主体,这是定语之一。我们需要在一些"卡脖子"领域实现科技自立自强,从而为国内大循环奠定基础。这并不是说所有的技术、所有的产品都要从头干,都要自己干。我们仍然要坚持扩大开放,通过开放使国内国际双循环相互促进,实现经济的螺旋式增长。

第四个关键词是整体。构建新发展格局,是就整个国民经济而言的,是在研究100万亿元经济总量背后整体的生产、分配、支出之间的循环后得出来的,不是针对某个地区、某个行业、某个企业的。每个行业、每个地区、每个企业都是现有发展格局中的组成部分。各地区要更好地参与构建新发展格局,做好自己应该做的事。虽然构建新发展格局要解决"卡脖子"问题,但也不能大家都去研究芯片、新能源汽车等,传统制造业也不能放弃,比如我们离不开的食品工业,非常需要发展,但是我们做得还很不够。

第五个关键词是构建。构建不等于形成,形成是指一个自然而然、不需要过多外界干预就会出现的结果。比如水往低处流,自然就会形成河流、沼泽、湖泊,这是一个自然的过程。而这里的构建,是指政府要有作为,要努力地去做,而不是听之任之、放任市场来形成。构建的关键在于改革,政府要对现有旧格局的体制机制深化改革,在改革的推动下,形成一种动力。只有打通现在循环的堵点、淤点,经济才能更好地循环并不断壮大起来。

第六个关键词是系统。坚持系统观念是"十四五"规划提出的一个重要原则或者思想方法。扩大内需战略是在"十二五"规划中提出来的,因为我国当时遇到国际金融危机,需要通过扩大内需,保持经济稳定,防止经济大起大落。后来大家可以看到,这个目标实现了，我国的经济迅速企稳回升。

但是实施扩大内需战略几年以后，经济增长速度开始下滑。2015年，我国面临的情况是"四降一升"，经济增速在下降、财政收入增速在下降、价格特别是生产资料价格在下降、企业利润增速在下降，而杠杆率在上升。所以2015年研究"十三五"规划建议时提出结构性改革，到2016年被中央确定为供给侧结构性改革。也就是说，仅靠扩大内需是不够的，如果供给侧结构没有变，不去掉过剩的产能，就阻止不了生产资料价格指数（PPI）的持续下滑。2016年，PPI持续下滑了50多个月。市场容量有限，价格再下滑，企业没有利润，难以维持经营，经济增速必然下滑。为了扭转这个情况，中央提出供给侧结构性改革。通过一年的努力，到2017年确实见效了，经济增速比2016年提高0.1个百分点。但2018年、2019年又面临新的情况——美国对我国发起了贸易摩擦。

因此，在新的国际环境下，面向新的发展目标，保持经济稳定增长，就要构建新发展格局。构建新发展格局肯定要扩大内需，培育完整的内需体系。但是，构建新发展格局不等于扩大内需，同时，还要在供给侧发力，因为我国确实有很多行业有需求，但是现有供给体系无法满足。所以构建新格局要坚持系统的理念，在供需两端同时发力，解决经济发展中的循环不畅问题。

三、干什么：构建新发展格局的重点任务

（一）培育完整的内需体系，提高供需体系的韧性

根据国家统计局的相关统计，2017年我国总供给即国内"总产出 – 中间使用 + 进口"是97.2万亿元，总需求即"消费 + 投资 + 出口"是97.2万亿元，两者是均衡的。但若不考虑进出口，国内总供给和国内总需求是不均衡的。国内总供给即国内总产出减去中间使用是82.32万亿元，国内总需求即"消费 + 投资"是80.86万亿元，生产能力大于消费能力（广义的消费，包括资本形成）。这也是我国一直存在的问题（见图1.2）。

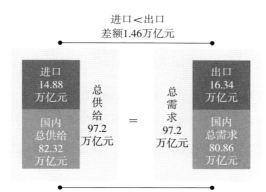

图1.2 2017年我国总供给和总需求

从宏观经济的恒等关系来讲，这个差额表现为进口和出口的差额。国内总供给大于国内总需求的部分表现为净出口，我国的出口大于进口，差额是1.46万亿元，正好是国内总供给与国内总需求之差。大国经济发展到一定程度，仅仅依靠国内的资源是撑不住

的，需要大量进口，而大量进口就必须大量出口。所以，要提高供需体系的韧性，不能简单提高内需占 GDP 的比重。

这种格局，从静态看是没有问题的，但关键是要从动态看。如果环境发生变化，出口增速放缓，还想维持原来的经济增速，唯一的办法就是扩大国内需求，让国内的需求来填补出口放缓造成的总需求缺口。2018 年，美国对我国发起贸易摩擦，我国出口增速放缓了。同时，国内需求并没有弥补出口增速下降带来的缺口，社会消费品零售总额的增长速度也在下降。当时，净出口对经济发展的贡献由 2017 年的 4.7% 变成了 2018 年的 –4.2%，这拖累了我国的经济发展，2018 年我国的经济增速比 2017 年下滑了 0.2 个百分点。

近 20 年来，我国出口增速的总趋势是下降的。如果未来总趋势仍然是下降的话，就必须用国内的需求来弥补，否则经济增速肯定要下滑，有供给没有需求，将变成过剩产能。

国际金融危机以来，出口增幅下降对经济增长速度有很大影响，在价值量上表现为经济增速下降，在实物上表现为出口产品的数量下降。

对 2018 年 111 种出口产品与 2007 年以来曾出现过的历史峰值进行比较，出口负增长的产品有 68 种，占了 111 种产品的大部分，还有 5 种是零增长，38 种是正增长。此外，从总体上看，出口增长的产品增幅，远远小于出口减少的产品的降幅。

在出口增长有所放缓的情况下，需要加快国内需求的增长，弥补出口放缓带来的缺口，但代表消费的社会消费品零售总额增幅也在放缓。近20年来，社会消费品零售总额增速呈逐年下降趋势，特别是2012年以后，增长速度持续下滑，与经济增长速度的趋势线高度相关。在出口增速显著下降的大趋势下，我国的社会消费品零售总额不仅没有弥补出口放缓带来的缺口，其本身增长速度也在下滑。

出口产品数量的减少，再加上国内社会消费品零售总额增长速度放缓，从产品的角度看，88种主要工业产品产量与2007年以来曾经出现的历史峰值相比较，其中60种产品是负增长，1种是零增长，27种是正增长，大量产品的产量在减少，直接导致工业增长速度大幅度放缓。

2012年之前，工业增长速度是快于经济增长速度的，但从2013年开始，工业增长速度低于经济增长速度，两者之间有了缺口，缺口最大的是2015年和2016年，这意味着我国的经济增长更多是依靠服务业来带动。工业增长速度下滑是供给侧经济增长速度下滑的主要原因。

（二）扩大居民消费，提高居民消费占总需求的比重

我们先来看一下内需的结构。

图1.3是2007年和2018年我国总需求结构比较。自国际金融危机以来，出口所占比重从2007年的28%降到2018年的16%，降低了12个百分点，这说明我国经济发展确实越来越依靠内需来带动。内需包括资本形成、政府消费、居民消费。内需当中增长速度大体显示出"5、4、3"的格局，资本形成提高了5个百分点，

从33%变成38%,资本形成对经济增长拉动作用最大;政府消费从10%增加到14%,提高了4个百分点;居民消费从29%增加到32%,提高了3个百分点。由此可以得出一个结论,虽然经济增长越来越依靠内需来带动,但还不能说明越来越依靠消费,特别是依靠居民消费带动经济,内需带动不等于居民消费带动。

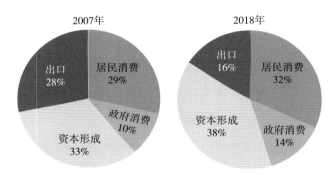

图1.3　2007年和2018年我国总需求结构比较

最终消费支出包括政府消费和居民消费。从图1.4的数据可以看到,2012—2018年,政府消费占最终消费支出的比重,从26.9%增长到29.9%,提高了3个百分点,相应地,居民消费占最终消费支出的比重下降了3个百分点,消费的扩大更多是靠政府消费。虽然居民消费在总需求中的比重是增加的,但在最终消费中的比重是下降的。

图1.5是2002—2018年我国城镇和农民居民消费占比。2018年,城镇居民消费占比接近80%,因为城市人口越来越多了,其占居民消费的比重在不断提高,所以城市化有利于扩大居民消费。

图 1.4　2002—2018 年我国政府消费与居民消费占比

图 1.5　2002—2018 年我国城镇和农村居民消费占比

根据国家统计局抽样调查数据（见图 1.6），城镇居民人均消费率和农村居民人均消费率呈现不同的趋势，农村居民人均消费率从 2013 年的 79.38%，提高到 2019 年的 83.19%，城镇居民人均消费率则从 69.85% 下降到 66.25%，下降了 3.6 个百分点。

图1.6 2013—2019年我国城镇和农村居民人均消费率

为什么城镇居民人均消费率和农村居民人均消费率的变动方向相反呢？可能有人认为，城镇居民收入高，所以边际消费倾向递减了。我个人认为，城镇现在近9亿人口中，绝大多数居民还没有达到边际消费倾向递减的收入状态。城市居民人均消费率下降，我认为是因为很多人被高房价、高房贷所挤压。北京市和上海市的居民人均消费率下降幅度是全国城镇居民平均消费水平的2倍，下降了6~7个百分点。原因是这两个城市的房价更高，房贷压力更大，房贷在每个月居民可支配收入中的占比更高。

从城乡居民不同的消费结构也可以看出一些问题。图1.7是全国居民消费中占1%以上产品的类别比例。城镇居民与农村居民消费占比最多的都是房地产，我国14亿人口最终消费支出中流向房地产的最多，占到了13%。城镇居民对餐饮的消费居第二位，占6%，再往后是教育、医疗卫生、居民服务、保险、金融服务等。农村居民消费第二位的是农产品，占 6.6%，之后是教育、医疗卫生等。与城镇居民相比，农村居民对农产品、屠宰及肉类加工品、畜牧产品、其他食品中的方便食品的消费占比较高，还处于以满足生理需求为主的阶段，对批发零售商品的消费多，说明农村的物流不如城镇发达。

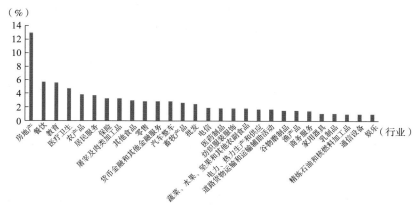

图 1.7　全国居民消费中占 1% 以上产品的类别比例

政府消费主要是在公共管理和社会服务行业，在财政支出是一般公共服务支出。医疗卫生、教育是公共服务。其他还有公共设施及土地管理、研究和试验发展、货币金融服务、科技等。

（三）增加居民收入，提高居民收入占国民收入的比重

分配决定支出。居民消费少，是因为分配少，这就会形成居民消费支出占比少的情况。2007 年，劳动报酬占国民收入的 41%，2018 年提高到 52%，提高了 11 个百分点。按支出法计算，居民消费只占 32%，按分配法计算，劳动报酬部分为什么是 52%？很大程度上是口径问题。我们统计的劳动报酬，很多不构成居民的可支

配的收入。劳动报酬口径很宽,把公费医疗、医药卫生、单位支付的社会保险、住房公积金等都包括在内了。虽然这些政府收入最终是用在居民身上的,但当期居民是不可支配的。

例如我国免费为居民接种新冠肺炎疫苗,这属于国家的医疗卫生支出,但计在了劳动报酬里面,我们拿不到,只是享受了一种公共服务。教育也是一样,教育为什么放在公共服务,而不是作为劳动报酬呢?我觉得在口径上是值得研究的。另外如社保基金累计9.7万亿元,住房公积金2.37万亿元,这些都计入了劳动报酬,但居民当期不可支配。

我们换一个口径来看,按住户调查的居民可支配收入占GDP比重来分析(见图1.8),2013年以来,居民可支配收入占GDP比重一直是42%~45%,没有太大的变化,但这和劳动报酬占GDP的比重不一致了。讲到收入分配格局,也要考虑行业的因素。现在

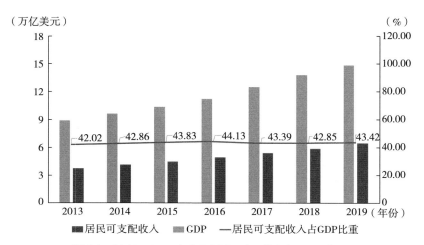

图1.8 2013—2019年我国居民可支配收入占GDP比重

收入分配方面最大的差距是不同收入群体之间的差距,这与行业间的收入分配密切相关。目前城镇居民工资收入排名第一的行业是信息传输、软件和信息技术服务,包括电信、广播电视及卫星传输、互联网、软件和信息技术服务;第二是科学研究和技术服务;第三是金融业。

按照营业盈余占行业增加值比重看,最赚钱的行业是废弃资源和废旧材料回收加工品。其次是房地产行业,房地产营业盈余占GDP的比重是近60%。接下来是银行业,超过40%,互联网和信息服务业等也是40%左右。银行业和房地产业营业盈余占到全国153个行业营业盈余总额的30%,这是"脱实向虚"的动力,因为这两个行业赚钱多。企业生产经营增加的价值,扣除劳动报酬、生产税、折旧后的余额是营业盈余,可以看作是广义的利润。

图1.9是2013—2019年我国居民人均可支配收入增长率与GDP增长率。过去我国没有城乡居民人均可支配收入的合并统计,直到2013年才有这项统计,其中4年居民人均可支配收入增长快于经济增长,3年低于经济增长。党的十八大提出"两个翻番",从10年累计来看,居民收入正好增加一倍,这10年的居民收入增速略快于GDP增速,意味着居民收入占国民经济的比重略有提高。前文提到"十二五"规划提出扩大内需战略,扩大内需也有具体的指标,即居民收入增长与经济增长同步,这指标我国基本已经实现。只要我国改变一下国民收入分配格局,居民收入占比是可以提高的,甚至可以快于经济增长。

图1.9 2013—2019年我国居民人均可支配收入增长率与GDP增长率

（四）加强科技自立自强，提高自主可控技术占技术进步的比重

从图1.10可以看出从进口占中间使用的比重看，一些高技术行业更加依靠进口，比如广播电视设备和雷达及配套设备，进口占中间使用的比重高达130%。总产出等于中间使用加上最终使用超过100%，意味着一些进口品是用于消费的。然后是软件服务，文化、办公用机械，汽车整车，医疗仪器设备及器械，其他交通运输设备（主要是飞机），其他专用设备，日用化学产品（主要是化妆品），电子元器件，仪器仪表等中间使用中的进口比例较高，需要大量进口。中间使用不是最终需求，是用于生产的，这些行业的生产离不开进口，若出现"断供"，对这些行业的生产将带来重大影响。

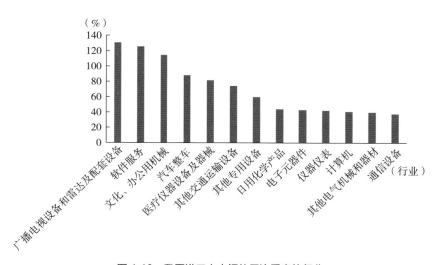

图 1.10　我国进口占中间使用比重高的行业

（五）深化供给侧结构性改革，提升供给体系对需求结构的适配性

现在需求结构是投资主导型的，或者说是以投资加政府消费为主的。总的来看，我国的消费型行业太少，大量行业都变成了出口型行业。所谓出口型行业，我的定义是 50% 以上的产出都卖到国外。农产品是典型的消费型行业，90% 以上的农产品都是国内消费的。公共管理行业是典型的政府消费型行业，98% 的产出都是政府消费的。很多消费型或投资型行业，由于国内需求不足，变成了出口型行业。

同时，我国的产能过剩和供不应求是并行的。从图 1.11 可以看出，现在我国净进口 1 000 亿元以上的行业主要有三大类，第一类是资源型行业，比如石油和天然气，净进口有 18 000 亿元。第二类是电子元器件行业，电子元器件我国虽然也有出口，但出口远远小于进口，净进口是 16 000 亿元。第三类是部分服务产品，包括航空旅客运输、住宿、餐饮等。针对三类产业的国内供给不足，实行供给侧结构性改革的侧重点也是不一样的。进口石油和天然气是因为我国资源相对匮乏，进口高技术产品是因为我国创新力不强。进口服务型产品是什么原因呢？住宿、餐饮供给不足的直接原因是旅游业竞争力不足，我国的出境游人数远多于入境游人数。航空旅客运输不足是因为我国大量出境人口不选择国内航空运输公司，而选择了国外的公司。

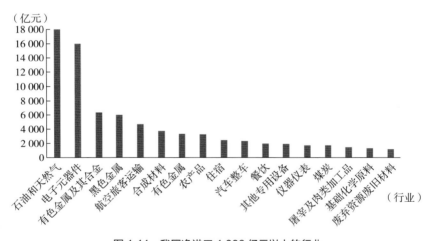

图1.11 我国净进口1 000亿元以上的行业

从图1.12可知，我国很多消费型行业同时也是高进口的行业。航空旅客运输60%的产出是居民消费的。其他行业是80%甚至接近100%，比如植物油加工品是完全用于食物，是属于消费型行业。除了航空旅客运输是供给不足之外，还有一类是广义的文化行业，包括新闻和出版、广播电视电影、文化艺术、体育和娱乐等行业都是典型的不存在边际消费倾向递减的行业。文化行业的消费则是无限的，但是目前这些行业国内供给不足。同时，这些又是典型的供给创造需求的行业，供需在时空上要高度一致，只有创造出优秀的作品，老百姓才会去看、去消费，所以逻辑起点是供给不足，不是消费不足。

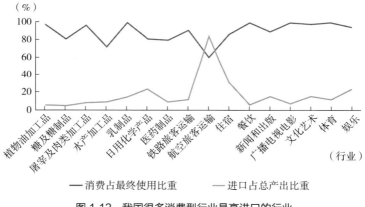

图 1.12　我国很多消费型行业是高进口的行业

从工业品来讲，供给不足的行业是日用化学产品，其中最主要的是化妆品。我国化妆品的市场很大，但是国内产品只是占一个零头，多数是进口的。海南免税店人满为患，大家购买的产品很大一部分是国外的化妆品。

供给侧结构性改革还有一个重要的任务，就是促进金融和房地产同实体经济协调均衡发展。图 1.13 显示出 2010 年和 2020 年我国产业结构，而且变化非常剧烈。工业比重下降是必然的，是有规律可循的。但是，我国在人均 GDP 不到 1 万美元的时候，制造业比重就开始下滑，而且非常迅速，10 年累计下降了 10 个百分点。原因在哪里呢？这是因为工业产品的产量没有原来多了，国内市场不够大，国外市场也出现饱和，竞争力下降，工业的很多行业到了一个瓶颈期。

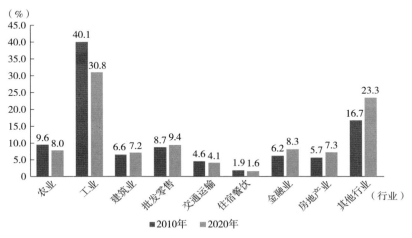

图1.13 2010年和2020年我国产业结构

工业比重下降了10个百分点，意味着服务业比重提高10个百分点。服务业中金融业占比从6.2%提高到8.3%，房地产业占比从5.7%提高到7.3%。金融业和房地产业增长加快，比重提高，可以弥补工业增长速度下滑造成的经济增长缺口，但这两个行业的过快增长，会恶化经济结构。我国是以间接融资为主的，银行业的增加值是从负债主体即居民、政府、企业付给银行的利息而来。银行业增长越快，意味着负债主体的负担越重。房地产业增长快，背后的原因之一是房价上涨，这对于居民消费和制造业发展形成了挤压。

从更长时间序列来看服务业所占GDP的比重。2001—2020年，房地产业和金融业对服务业比重提高的贡献率是52%，研发、商务服务、信息服务等的贡献率是39%，公共服务贡献率13%。所以，不能简单地说服务业比重提高就是经济结构的优化，关键要看服务业中到底是哪些行业在带动服务业比重的提高。商务服务、信息服务提高是正常的，包括一定的公共服务的比重提高也是必要的，但如果更多是靠房地产和金融来带动，并不是好事。

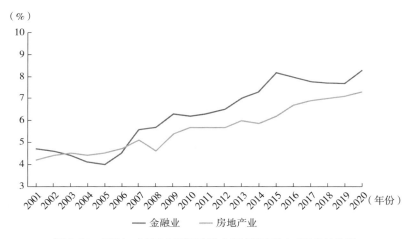

图 1.14　2001—2020 年我国金融业和房地产业占 GDP 的比重

（六）提高城市和城市群要素集聚能力，提高城市化地区集聚经济和人口的比重

我国应该实行"大分散、小集中"的空间布局，因为我国陆地国土面积很大，但是人均平原面积只有 860 平方米，没有办法和美国、欧洲相比（见表 1.1）。同时，由于我国人口众多，又不能像美国、日本那样，有几个大城市群就足够了。我国有 14 亿多人口，必须在全国相对均衡布局。除了东部三大城市群，中西部也要有一些大城市群。经济和人口相对集中，才能既有经济发展，又能确保农产品安全和生态安全。总的来讲，要考虑经济发展，就一定要考

虑区域人口、经济和资源环境承载能力。

表 1.1 我国与美国、欧洲的面积比较

国家/地区	总面积（万平方千米）	人均土地面积（平方米）	平原总面积（万平方千米）	可耕地面积（万平方千米）	人均平原面积（平方米）
中国	960	7 200	115	108.6	860
美国	963	31 200	385	163.1	12 500
欧洲	1 016	14 000	600	109.1	8 400

我国的平原主要在东部，东部地区是经济的集中地。现在我国每年的粮食产量都在提高，消费增长也更快。原来居民可能只吃口粮，现在要吃猪肉，要喝牛奶，需要更多粮食来满足日益提高的消费水平。我国的粮食进口依存度还在不断提高，所以保护耕地是非常重要的。要保护耕地，既要东部地区保护好现有的耕地，特别是基本农田，又必须保持这些耕地上游的生态。

从图 1.15 可以看出，中国东部的长三角、珠三角加上京津冀三大城市群的经济规模占到全国的 43%，但集中的人口只有 29%，这意味着另外一些地区经济集中的规模小于人口集中的规模，这带来了地区之间人均 GDP 的差距。我国的财政收入是建立在 GDP 基础之上的，GDP 少，财政收入就少，意味着公共服务、退休金、公职人员工资等存在差距。

还有一个问题是住宅用地太少。例如北京市、上海市、深圳市住宅用地占建设用地的比例，北京市是最高的，达到 30%，上海市是 22%，深圳市是最少的，仅有 16%，住宅用地少是这些城市房价高的一个重要原因。

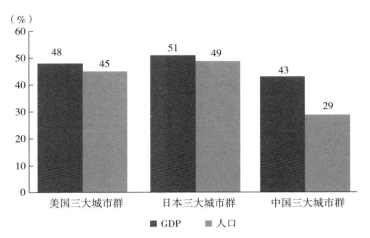

图 1.15 美国、日本、中国三大城市群经济、人口占全国比重

如果货币松（货币政策或房贷政策宽松）、土地紧（给住宅用地很少），房价就要上涨。现在，我国正在采取给房地产企业"画红线"等一些金融政策，要求增加住宅用地，特别是租赁住房用地，包括公共租赁住房、共有产权房用地等，这对稳定特大城市的房价是非常有针对性的。

（七）坚持扩大高水平开放，提高内外循环畅通性

国内生产需要进口，国内循环需要国际循环。在 2018 年，我国的进口中，用于中间投入的占 76%，用于消费的占 12%，用于投资的占 9%。如果外循环受阻，对生产的影响远大于对消费和投资的影响。

按照 42 个行业分类，我国没有一个行业是完全不需要进口的，

从进口的角度来讲，42个行业本来就都是双循环的，当然每个行业进口占其中间投入的比重不一样。在石油加工行业中，接近40%的中间投入要靠进口，如果没有进口，40%的炼化装置无法运作；在通信设备计算机和其他电子设备的中间投入中，30%以上是进口产品，还有燃气、仪器仪表、金属矿等行业，进口产品占中间投入的比例都较高。在42个行业中，绝大多数都有出口，出口为零即纯粹内循环的行业只有水的生产供应业、燃气生产供应业、房地产、技术服务、教育5个行业。

我国的进口是相对集中的。进口额排在前10位的行业是电子元器件、原油、有色金属、黑色金属（主要是铁矿石）、航空旅客运输、合成材料、基础化学原料、农产品、仪器仪表、计算机。进口额排在前10位的行业进口占153个行业总进口的48.6%。

习近平总书记提出了2030年碳达峰和2060年碳中和的目标。我国每年大概生产10亿吨钢铁，国内需求8亿多吨，钢铁净出口最多的时候达9 640万吨，意味着进口了1.7亿吨二氧化碳、7万吨烟粉和7万吨二氧化硫，相当于出口了3亿吨的水。这就是经济政策的选择问题。出口钢铁，可能赚了外汇，但是赚的钱可能还不够用来治理环境。未来实现碳达峰和碳中和，我国减碳的压力很大，钢铁业是一个排放大户，除了电力以外，它的二氧化碳排放量位列第二。构建新发展格局，一定要从新的目标出发，要从二氧化碳排放的角度考虑。

我国很多行业是高出口的，同时也是高进口的，出口依存度高，进口依存度也高。比如20%的电子元器件的产出需要出口，但进口占总产出的 60%（这里是总产值的概念，而不是增加值的概念）。此外，文化办公设备、仪器仪表、医疗设备都是高进口、高出口的行业。这意味着这些行业的进口是为了出口，出口是为了进口，是互为因果的，所以我们仍要促进这些行业国内国际双循环的相互促进。

四、怎么干：构建新发展格局的主要措施

构建新格局是发展问题，本质是改革问题。我认为，构建新发展格局的关键在改革。

第一，坚持以人民为中心的发展，而不是以 GDP 为中心的发展。我国现在形成的投资型、政府消费型为主的结构，根源上是以 GDP 为核心的发展理念带来的，所以要进行理念上的变革。第二，深化供给侧结构性改革。第三，注重需求侧管理，财政和货币政策要管理好，防止杠杆率过快上升。最近国务院专门讨论了降低政府杠杆率的问题，我认为居民杠杆率也要稳定甚至降低，这样才能扩大居民消费。第四，加快科技体制改革。第五，加快土地和住房制度改革。第六，加快身份证制度改革。第七，加快收入分配制度改革，其中重点是财税体制改革。第八，营造世界一流的营商环境。

中国经济 50 人论坛丛书
Chinese Economists 50 Forum

第二章 减税降费问题研究[①]

许善达[②]

---

① 本文根据 2021 年 4 月 8 日长安讲坛第 375 期内容整理而成。
② 许善达，论坛成员，国家税务总局原副局长。

最近，关于财税问题又发生了一个态度比较鲜明的争论。2021年"两会"对财政决算报告的讨论和对新财政预算的安排进行了多方面讨论，学者们提出了很多意见，也确实产生了一些不同的看法。关于财税战略的争论，其实很早以前就一直存在，只是在不同的时间段大家的看法有些变化，有的专家坚持自己一贯的看法，有的专家随着形势变化观点也在变化，还有一些专家会有新的认识。

宏观政策有两大部分：货币政策和财税政策。这两大部分在学术界一直没有全部形成共识，至今还有很多争论。要想了解这些争论，就要看每种观点主张的依据是什么，最后由实践证明它是否符合实际。

一、如何定义宏观税负的高低

对于宏观税负这个财税战略中的重要决策依据，学术界多年以来一直存在较大的分歧。学者之间有不同的主张，有的专家提出现在政府控制资源不够，需要政府集中更多的资源，要想集中力量办大事，就得多从国民经济里面分到一定份额，所以主张要提高宏观税负。还有的专家认为现在的宏观税负太高、企业负担太重，经济发展受到了税收负担的影响，所以主张要降低宏观税负。我们是赞同后一种主张的。当然，除以上两种主张外还有的专家认为，宏观税负不能再提高了，企业压力也很大，但降低宏观税负也不行，政府集中力量办大事，宏观税负要稳定在这个水平上。长期以来，在宏观税负今后的走势上，这三种意见都非常明确。当然无论是要提高还是要降低，或者要保持稳定，都需要合理的依据。

对宏观税负产生争论的第一个焦点是，财税学界对宏观税负高低判断，依据的"尺子"在哪？一般来说，尺子的分母是GDP，分子是政府收入、财政收入、税收收入。主张不同，关于分子的定义就不同。凡是主张提高税负的就要找一个现在宏观税负很低的数据，比如以税收收入作为分子，按这种主张，土地出让金、社会保障金都不包括其中，如果这些都不算，那么分子就比较小了。拿这个指标跟国外的指标来比，我国的指标就太低了，所以应该提高宏观税负，这就是依据。而主张降低宏观税负的学者，往往是以政府收入为分子。税收收入、财政的非税收入、政府其他收入，包括土地出让金，都是政府收入。所以，专家的定义不一样，各说各话，在学术上就无法达成一致。而现在的教科书从来没有对宏观税负的定义形成一个明确的共识。

对宏观税负产生争论的第二个焦点是，宏观税负的对比对象是谁？不管用的是大口径、中口径还是小口径，对比对象不同，对于中国宏观税负的高低也会造成理解上的不一致。比如北欧国家的宏观税负很高，如果我国跟北欧国家比，不论是基于大口径还是小口径，宏观税负差距都会太大。北欧国家是福利型国家，有完善的社会保障体系，公民从出生到死亡都是由政府负责的，如果跟这些国家比，我国宏观税负太低，而且也无法做到像北欧国家那样的福利制度。所以和什么样的国家比，也是一个争论不休的问题。我国要跟发展中国家比，但发展中国家水平也参差不齐，而且发展中国家也存在特殊情况，比如和那些石油输出国的宏观税负指标也是没有可比性的。

所以一些学者对于对比的对象也是经过精心选择的，他们主要选择支持其观点的对比对象，对比对象和对比数据结合在一起，从而来证明自己观点的正确性。所以，对于宏观税负高低的判断和今后宏观税负走势，在财税学界观点从来没有统一过。现在讲财政学、税收学的书很多，但没有一本书在这个问题上能形成一个让大家共同接受的理论体系。

对这个问题我们的研究提出了一些新的见解。我们不赞成分母是 GDP，分子是某一个大口径、中口径、小口径，比如政府收入、财政收入、税收收入，我们不赞成将这个指标作为判断宏观税负高低的标准。我们认为，宏观税负的高低在各国之间没有可比性，要根据本国的政治、经济、社会管理和基本国情来做出判断。目前并没有一个绝对的数值是判断税负高低的标准，在不同的历史时期，面对不同的国际国内环境，判断宏观税负高低的标准不应该是一个数字的指标，这是我们基本的看法。

我们判断宏观税负的高低时会考虑以下四个因素。

一是国家安全，国家安全需要多少钱就从国民经济财富里来分配多少。比如，战争时期就不能拿分母、分子指标来衡量宏观税负高低。20世纪70年代，我国对国际形势的判断是处在战争与革命的时期。后来邓小平同志在20世纪80年代提出了"和平与发展"是当今时代的主题。所以宏观税负高低，首先取决于我国的决策层对于国内外基本形势特别是国家安全的判断。

二是生产效率、生产力与经济的竞争力。改革开放前我国是一个封闭的经济体，但是改革开放以后就不同了，我国的企业要在全球市场上跟其他国家竞争。20世纪80年代我国开始引进外资的时候，外商投资的税负要大幅度低于国内企业的税负。这是因为我们要吸引外资，如果税负太高，外资就不"进来"了。我国当时正从计划经济向市场化改革发展，所以就是要让外商的税负低一点，国内税负高一点。改革开放这么多年，外商投资企业的税负低，国内企业的税负重，国内企业发展受到了一定程度的限制，如此就有了争论，提出应该在同等税制条件下，让内资企业和外资企业竞争。而内资企业又产生了一个新问题，宏观税负需要下降。所以，企业的竞争力或者经济的竞争力，是我国决定宏观税负的一个重要的因素。中国加入WTO以后对全球开放，大范围开放吸引外资，同时我们也实现了"走出去",到国外去投资,那么国家的税制、企业税制竞争力就更加突出了。企业有很多竞争力的要素,但是从财税角度来看,一些有竞争关系的经济体的税制竞争力对我国宏观税负有很大影响。

三是居民生活福利。居民生活福利要提高,政府就需要为老百姓提供福利,办学校、办医院、养老等,最典型的一个领域就是社会保障。社会保障水平的提高,需要政府更多地集中财力,那就要提高宏观税负。居民生活福利的水平提高得越快,政府就需要收更多的收税,否则社保没有资源来弥补缺口。

四是社会管理水平,也就是行政系统运行的成本。如果我国的管理水平提升,就可以降低宏观税负。财政里有一个词叫"财政供养人口",即如果财政供养人口减少,就可以降低税负;如果财政供养人口增加,就需要提高税负。所以,如果我国的社会管理水平效率提高,我国就可以减少财政供养人口,从而减少行政性支出。

所以,我们提出,对于宏观税负的定义应该否定用一个数字的分子、分母对比的办法,不能用这样的指标来评估宏观税负高低。

关于如何定义宏观税负的高低,这个问题的学术性比较强,希望做研究的人能够花一点时间把宏观税负的概念、定义和如何比较高低进行研究,我认为这个问题非常重要,因为它是决定财税战略的一个非常重要的因素。如果这个因素比较科学,我们的决策失误就会少一点。如果这个因素是有偏差的,我们的决策也可能会有偏差。

二、中国的宏观税负水平是否合理

下面我们来研究现在我国的宏观税负是要提高还是降低。探讨这个问题要先回到 2013 年，党的十八届三中全会通过的《中共中央关于深化全面改革若干重大问题的决定》(简称《决定》)，讨论国家如何深化改革，财税也是众多改革的重要领域之一。对于宏观税负问题，《决定》提出需要稳定宏观税负。

当时我认为中国宏观税负是偏高的，应该降低一点。根据我的经验，我并不认为中央判断的宏观税负水平是合适的，中央不是要在这个水平上维持财税体系运行。决策层需要时间来思考，在没有做出最后的判断之前要求的是稳定，到了现在一定还在深入地研究究竟是应该提高还是应该降低。我不认为"稳定"就是代表宏观税负水平很合适。

通常中央都是在每年 12 月份的中央经济工作会议或者中共中央政治局会议作出重大的经济决策。但是 2016 年推行营业税改征增值税改革（以下简称"营改增"）时，中共中央政治局会议于当年 7 月做出了一个非常不寻常的决定，即降低宏观税负。

在正常情况下，这个决定应该年底在中央经济工作会议去推行，为什么在 7 月就推行？我认为是不能等到年底再来做这个决策了，需要尽快地按照这个决策去调整我们的财税战略。

中央为什么作出这个决定？这要从 2012 年说起，2012 年在财税问题上实行了两个试点：一个是上海和重庆试点征收居民房产税，原来房产税只是对企业进行征收的。另一个是 2011 年国务院批准了上海市建成全球交通运输中心的方案。

1993年在讨论分税制的时候，依照当时的税制结构，如果把所有的商品和服务都改成增值税，按分税制，中共与地方划分比例为75%和25%，地方就没有主体税种，这跟当时中国的国情不相适应。中国的地方政府应该有自己能够管理、自己能够征收、收入归自己的一个主体税种。虽说最后决定让服务业保留营业税，以此作为地方税体系中的主体税种，但众所周知营业税早晚要改成增值税，因为营业税自身就是重复征税，它跟增值税之间不能抵扣，税负比增值税重，所以它不是在市场经济条件下推动经济发展的一个好税种。但在当时的历史条件下，只能在服务业保留营业税，服务业也包括交通运输业，但是上海要进行国际交通运输中心建设，如果再保留营业税就不好实施。那时候对于"营改增"，财税界所有的学者都不会反对，大家一致认为营业税或迟或早一定会改成增值税。但是真的要改，问题就来了。

第一个问题，营业税改增值税，又增加了增值税抵扣范围，企业税收负担会下降。但减掉的这部分税是完全由地方承担还是中央也需要分担？营业税归地方税，变成增值税后，地方的税收减少了，减少的部分中央会不会补贴？

第二个问题，当时是两个税务局，国家税务总局管增值税，地方税务局管营业税。营业税改征增值税之后谁来管理这部分税收？而地方税务局认为这是它的主体税种，它主要的资源都将用来管这个税。因为增值税必须用金税工程二期管理，如果地方税务也管，这个系统建设费用是地方出还是中央出？实际上更大的问题是一个地方应不应该设置两个系统。

第三个问题，地税局还有必要成立吗？主体税种没有了，地税局只管一些零零星星的税，还有保留地税局的必要吗？

大家都主张"营改增"，但是没有人能拿出一个能够让全国接受的"营改增"方案，因为这些问题解决不了。如果减税，谁补这个税差；如果是中央补，中央应该补多少，哪个部门能定？回答是谁也定不了。补多了，中央没钱；补少了，地方收支也有困难。从2009年开始，外资和内资企业所得税法合并了，原来增值税购进机器设备的税款可以抵扣了。这两个改革完成后，大家认为下一步的改革应该就是"营改增"了，但是当时专家对"营改增"方案依然没有共识。

在这种情况下，上海市做了一个"营改增"方案。第一条是要减税。如果交通行业税负不减，交通运输的枢纽将会无法实现。第二条是"营改增"的减税不需要中央补贴，而是由上海市自己承担。这个决定是方案中一个很重要的内容，对于获得中央批准是非常关键的。上海不向中央要钱，这些企业改成增值税的收入也不按照75%、25%的比例分成，都分配给地方。现在减少的部分上海承担了，剩下的部分还给上海，中央无需承担也没有损失。

最后一个情况就比较容易理解了。虽然上海市有国税局和地税局，但是上海市的信息系统从来都是一个，上海市国税局和地税局是共同办公，用一个信息系统，不存在再花钱建一个金税工程的问题。所以从2012年开始，上海市对居民住宅试点房产税和对交通运输业等4个行业进行"营改增"试点，各地方政府的反应出乎意料。

对居民住宅房产税试点没有一个地方政府愿意跟进，而对"营改增"试点都积极要求参加。鉴于其他省份强烈要求，国务院决定2012年上海试点的"营改增"方案全国推行。

在金融或其他一些领域，从2013年开始，国家又选择了几个行业进行"营改增"试点，并在2013年、2014年、2015年逐渐扩大了"营改增"的行业，最终在2016年决定全部营业税的应税项目改为缴纳增值税。只在一个行业减税税额是有限的，如果全部营业税都改成增值税，减税的规模就扩大了。所以我认为，2016年7月中共中央政治局会议决定降低宏观税负，本身就是对当时宏观税负水平和税制改革需求做出了一个判断。如果不降低宏观税负，全面推行"营改增"将是无法实现的，这就是2016年全面推行"营改增"和降低宏观税负这两件事的关联。

三、为何企业对于减税降费的获得感不强

从2016年开始全面推行降低宏观税负，但是到了年底，各方向国务院反映，虽然财政部、税务总局公布说"营改增"减了税，但是企业没觉得减。所以当时有一个新词，叫"企业对于减税降费的获得感不强"，这就产生了一个矛盾：政府减税了，宏观税负降低了，但是企业没有感受到。

所以，2017年全国政协领导组织调查组去调查，为什么财税部门宣布减税降费这么多钱，而企业获得感不强。

调查组经过调研得出了三个结论。

第一个企业获得感不强的结论是没有发现一个区域或者一个行业减税降费政策没有落实的情况。

第二个企业获得感不强的结论是营业税的征收率低，而增值税的征收率高，营业税很多漏缴的税款通过增值税大幅度减少，而税款流失减少，税收就会相对增多了。对于企业来说，法定给企业减税了，原来没交的企业补交了；对于交税来说，企业感觉获得感不强，但是企业过去流失的钱不能说以后也流失。

我举一个简单的例子。建筑业之前是缴纳营业税，买很多东西不需要发票，比如农民卖给你河沙，农民拿了钱就回家了，企业就写一个白条，有的连白条都没有。营业税是按销售额来交税的，跟白条没有关系，所以他购买的东西跟供应商交不交税、跟营业税纳税人没有关系。但是一旦实行增值税就不一样了，因为增值税把销项税率提高了，建筑业企业要想把税负减到预期的数量，必须拿到进项的发票，如果拿不到进项的发票，等于是在替供应商交税，这是增值税最重要的一个特性。

所以这些企业要求供应商开增值税发票，供应商若是一般纳税人则可以开，若不是一般纳税人就需要找税务局代开，但不论方法如何，企业主都需要增值税发票，因为拿不到这张发票，就等于要替供应商交税。这就把原来营业税纳税人中间很多供应商不交税、不开发票的情况大大遏制了，那些供应商只要开发票，税务局就收税，税就"跑"不了。纳税人觉得现在怎么还多交税，是因为过去有太多该交的税没交。现在该减税的法定税负给减，过去流失的税款企业需要拿出来，这样就使得一部分企业的税负没有明显的下降，反而增加了一部分交税的量。

第三个企业获得感不强的结论是我国增值税的留抵税款制度。我国的增值税制跟欧洲的增值税有很大的差别。欧洲的增值税每个月算一次账，销项减进项，减完了大于零的交税，小于零的当月退税。我国在1994年初次实施《中华人民共和国增值税暂行条例》（简称《条例》），《条例》没有这么定，因为那时候收不上税，国家也没有钱退。如果企业销项大于进项，企业交税；如果企业销项小于进项，政府不给企业退税，但在账上记着，等企业以后有了销项再来对冲，这个政策在性质上是让企业预交税款。特别是在2016年"营改增"以后，连建筑业都实行增值税了，所以企业如果投资修路、盖房、买设备，在没有销售额之前所有投资的税款政府都不退，都在账上记着。什么时候企业项目投产了，有销售了，再来对冲，这相当于政府拿到了一个企业预交的税款，企业要承担这个预交税款。因为企业有资产负债，还要交利息，实际上是政府隐性的负债。

所以调查组当时提出来，在2016年，由于留抵税款的制度，很多投资企业"营改增"以后的留抵税款增长速度很快，因为这些企业不但买机器设备有留抵税款，连基建部分也有留抵税款了。这样的话，企业的资产负债率提高，财务成本相应也就增加了。我们认为这是一部分企业获得感不强的制度原因。

调研组的报告向全国政协领导汇报，经全国政协领导批准后报送国务院。2017年年底召开党代会，2018年3月"两会"结束，国务院就下发了文件，将部分行业的增值税留抵税款改为退税。当时并没有说所有行业都改，是因为这一改革有不确定性。财政还有一个现实的问题就是钱的问题。2018年财政安排了1 100多亿元指标分到各地，按照指标退，但这个金额太小了，连当年新增的都退不完。有人反映问题说税务机关的自由裁量权太大，想给谁就给谁，这个不好。所以又过一年，在2019年就改办法了，按照公式算，每个企业该拿到多少退税就拿到多少退税，把税务局的自由裁量权取消了，这个很受大家欢迎。但是，按照公式执行一年也只有1 000多亿元，当年新增的也没有全部退掉。

2020年，联办财经研究院完成了一项国务院研究室的报告——《减税降费问题研究》。这个报告认为，减税降费政策对于国家高科技重资产的企业负面影响最大。因为高科技重资产企业投资规模很大，设备也很贵，这样的企业要开展一个项目，它的留抵税款的数量就很多。企业既要支付利息，还要融资，资产负债率就会提高，对于这些企业来说是很负面的影响。由此我们提出应该实行全部退掉，既然国家鼓励高科技企业高质量发展，要增加经济的科技含量，让高科技重资产企业当龙头企业来带动整个产业链，如果这类企业税负重，肯定是一个不利的政策。但问题是这部分税款经过几十年积累，数量有上万亿元，全部退掉哪有那么多钱？一般不可能安排1万多亿元退留抵税款。所以我们建议发一个专项的国债，因为留抵税款中央有多少、地方有多少，都有很精确的统计。按照当时中央有多少留抵税款，省里、市里、县里由哪个部门、由多少来分发，现在可以把它退还了。以后有了销项给政府交税，政府再去还债，这个办法有几个优点。其中一个是企业的资产负债率实现了下降，现在企业资产负债率高，比如最近债券违约的企业很多。还有一些高科技重资产的企业如果能把留抵税款存量解决了，有一部分可以不违约，而且降低了财务成本。如果是上市公司资产负债率下降、财务成本下降、利润增多，企业的股价还可以上涨。所以我们提出一个主张，就是用发债的办法来把存量解决了。

我们于2020年上交了这个报告。让我们感到非常高兴的一件事情就是2021年国务院做出的决定——增加五大类先进制造业按月退还新增留抵税款。也就是说，从2021年开始，新增留抵税款不论有多少钱都按月退还。2018年、2019年留抵税款还没有把新增的退完，2021年这个文件就是要先把所有的先进制造业新增留抵税款全部退还，我觉得这一步迈出去真不容易。这一步迈完了什么时候再把存量退了，我们就看下一步的工作了。这个政策应该说是比较重要的，现在我国正逐步地来消化历史遗留的增值税留抵税款问题，我相信所需时间也不会太长。因为我国用发债的办法，并不影响一般预算收入，只是一个利息的问题。我觉得这是我们报告里面很重要的一个意见。

四、如何提高中国企业的税制竞争力

我们把中国企业的税制和美国企业的税制、欧洲企业的税制、日本企业的税制做了详细的比对。结论是，中国企业税制竞争力低于美国、欧洲和日本，这是一个重要结论。因此，我们主张要进一步降低企业税负，提高我国企业的税制竞争力。这个结论到现在为止，没有一个专家提出否定的意见。

这个结论对下一步我们的财税改革同样有重大的参考价值。如果不提高我国企业的税制竞争力，那么在全球化形势下很可能我国的企业就会在竞争中失败。我们要让中国企业能够具有和美国、欧洲发达国家企业一样的竞争能力，就必须进一步调整我国的企业税制。我们报告中列举的若干项政策差异，应该逐条研究。

当然这会产生另一个问题，就是如果提高企业税制竞争力，就得降低企业税负，那么我国的宏观税负应该怎么处理？我认为如果现在仅仅从一般预算的领域来考虑这个问题，有两个因素是不可能找到融合点的。我们先不说国家安全、行政管理能力，就说居民生活福利的问题和企业税制竞争力的问题。居民生活福利最主要的是社保，现在社保还没有实行全国统一。2020年要求各省份先实行全省统一，把过去分市、分县的社保体系做到全省统一，然后要求国有资本划转10%补充社保基金。虽然我国已经采取了一些措施降低社保缴费率，但是现在的缴费率跟全世界比还是偏高。关于社保缴费率是不是偏高，学术界有很多不同的看法。

从2012年上海"营改增"试点以后，特别是2016年中央提出减税降费、降低宏观税负，逐项逐步降低社保缴费率，包括养老保险、医疗保险、失业保险等五险一金都在采取措施。但是现在来看，给居民社保带来的福利还不够。那么矛盾来了，要提高社保的福利水平，就得增加收入。另一边企业提高竞争力也要减税，不减税的话，企业比美国、欧洲企业负担重，怎么去和其他国家企业竞争？所以这两个变成一个悖论，就是鱼和熊掌不能兼得。要提高税制竞争力就要少收企业的钱，居民生活福利就不能提高标准；要想提高福利标准，就不能降低企业税负。

我们的报告提出了一个解决该悖论的措施，唯一的出路就是动用国民财富的存量。如果只把我们视野限于每年国民财富增量，这个悖论就无法解决，只有动用国民财富存量才能解决问题。国民财富存量有很多，最主要的是国有资本。所以我们提出，一是要打破社保制度由地方统筹的格局，尽快地实现全国统筹。二是国有资本划转，包括以前的划转，目前国有资本只是作为社保收支备用的资源，并没有把国有资本权益的这一部分资源投入社保的收支。现在每年维持社保的支出缺口仍然靠一般预算补助拨款，包括中央和地方统计出来是 2 万亿元左右。这是预算报告中统计的，如果不使用这笔款项很多人就领不到养老金、医疗保险，这是绝不能允许的。政府不但要保证退休人员能及时领到养老金，还要提高他们的福利水平，包括提高医疗报销标准和养老金标准等，这些都是既定的方针。如果只是用一般预算增加拨款的话，现在一般预算的压力已经是难以承受了。

最近几年政府债务的增长确实给财政带来了很多潜在的压力，在一般预算的范围内这个潜在的压力是释放不了的。要想释放这个潜在的压力，必须动用国民财富的存量，即要动用国有资本。首先要完成社保体系全国统筹，央企的国有资本就可以注入全国社保收支体系中。总之，我们的报告提出一个新的政策建议，要想同时实现化解当前财政潜在压力，提高企业的税制竞争力，提高居民社会福利水平的目标，就得动用国民财富的存量，动用国有资本。

中国经济 50 人论坛丛书
Chinese Economists 50 Forum

第三章　金融监管需从形式走向实质①

黄益平②

---

① 本文根据 2021 年 4 月 21 日长安讲坛第 376 期内容整理而成。
② 黄益平，论坛成员，北京大学国家发展研究院副院长。

本章讲金融监管的本质，核心观点是我国的金融监管需要从形式走向实质。

具体讲四个问题：第一，金融风险已经明显上升，背后的原因是什么；第二，一般性地讨论金融监管是做什么的，或者说为什么需要金融监管；第三，我国已经建立了一个完整的金融监管框架，但为什么没能有效地管控金融风险；第四，下一步的金融监管改革，政府与监管之间的关系怎么处理，监管本身应该做哪些改变。

一、近期金融风险明显上升

首先分享一下我和王勋、邱晗编制的中国系统性金融风险指数

（见图3.1）。这个指数表明，2008年全球金融危机之后，我国的金融风险有所下降。但2014年之后出现了大幅上升，随后又有所回落，但自从2018年以来则又处于相对较高的水平。

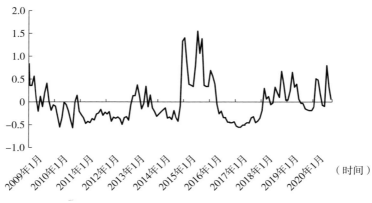

图3.1 2009—2020年我国系统性金融风险指数

全国金融工作会议将金融改革目的概括为两句话：一是增强金融支持实体经济的力度，二是防范系统性的金融风险。把这两句话放在一起看，说明我国金融系统确实出了一些问题：效率下降的同时风险又在上升。对比的应对之道是构建现代金融体系支持新发展格局。

要理解金融风险为什么上升，需要先回到改革的逻辑本身，这是我在2019年的长安讲坛"金融改革的经济学分析"分享的主要内容。中国的金融改革始于1978年年底党的十一届三中全会，当时全国只有一家金融机构——中国人民银行。在随后的40多年里，我国逐步建立了一个全新的金融体系，但这个金融体系有非常突出的特征：一是规模较大，二是监管较弱，三是管制较多。第一个特征规模较大比较容易理解，第二个特征监管较弱的问题后文要展开分析，第三个特征管制较多则可以沿用金融学分析里的一个概念——"金融抑制"，这是美国经济学家罗纳德·I. 麦金农（Ronald I. Mckinnon）提出来的，它主要衡量政府对金融体系的干预程度。我和王勋根据这个概念编制了一个金融抑制指数（见图 3.2）。

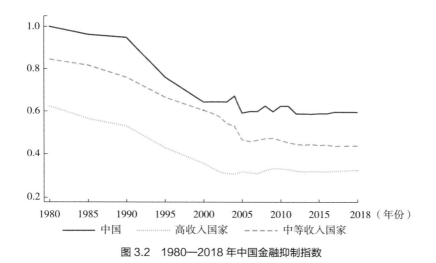

图3.2 1980—2018年中国金融抑制指数

中国的金融抑制指数从1980年的1.0降到了2018年的0.6左右，这说明两件事情：一方面，过去40年我国确实在实施市场化的金融改革，政府对金融体系的干预程度已经大幅下降。另一方面，即便到了2018年，中国的金融抑制指数在全世界仍然排在前列，也就是说明政府对金融体系的干预程度还是比较高的。这是一个比较独特的改革进程。

实证分析结果表明，这套金融体系在改革的前30年里是相当有效的，既支持了高速的经济增长，也实现了金融稳定。这与一般的理论预测不太一致，因为人们通常认为过多的政府干预会降低资源配置效率、增加金融风险。不过我们分析发现，在一个市场机制不健全、监管框架不完善的经济体中，适度的政府干预对经济增长而言可能利大于弊。

在1997年亚洲金融危机期间，我国银行的平均不良率超过了30%。在一般市场经济国家，如果银行业不良率接近10%，很可能会发生银行挤兑，但在我国这一现象却没有发生，归根结底还是因为存款人对政府信用保持较高的信心。政府信用支撑投资者信心，这也是抑制性金融政策的一部分。也就是说，在特定条件下，金融抑制是有利于维持金融稳定的。

可以做一个简单的设想：如果在1978年政府决定彻底放开金融体制，什么都不管。那么，可以预料在过去四十几年，我国应该已经发生过好几场金融危机，特别是在1997年亚洲金融危机和2008年全球金融危机期间。但我们在理解政府干预的正面作用的时候，也需要注意到以下两点。第一，干预是适度的，不是全方位的；第二，虽然现在政府干预程度还比较高，但是在过去40年里政府干预的程度是在不断下降的。综合这两个方面来看，这种管制促进经济增长的有效性是很高的。

但是，在过去10年里，经济和金融形势发生了很大的改变。决策者一直在关注金融不支持实体经济的问题，也就是说，金融支持实体经济的效率化在下降。具体而言，讨论最多的是中小微企业融资难的问题，过去10年来政府一直在想办法解决，虽然取得了不少进展，但矛盾还是很突出。另外一个讨论比较少但同样严重的问题是普通老百姓投资难，简单说就是老百姓有很多储蓄，但可投资的金融产品非常有限。这个问题如果不解决，将来会形成两个问题：第一个问题是资产性收入太少，不利于应对人口老龄化的挑战。第二个问题是这么多的资产如果没有稳健的投资渠道，一旦看到一个新的机会，很容易形成"羊群效应"，可能就会制造更多的金融风险。

那么，为什么改革的前30年问题不大、后10年却出现了问题？简单地说是两个因素：一是随着金融市场的发展，抑制性金融政策的负面效应变得越来越突出，政府干预也逐步变得得不偿失。二是经济增长模式从过去的要素投入型转向现在的创新驱动型，从而对金融资源配置提出了更高的要求。换句话说，经济增长模式转变要求金融模式一同转变。

从这个金融政策的经济效应分析中，我们可以获得一些重要的启示。任何经济政策都会有正面效应和负面效应，但在不同的经济体中甚至在不同的发展阶段，正面效应和负面效应的相对重要性是不一样的。在改革早期，适度的金融抑制和政府对金融体系的干预，产生的负面效应相对较小，正面效应相对较大。但随着经济与市场的发展，正面效应和负面效应之间的相对关系发生了改变，所以需要进一步的金融改革来有效支持经济增长、维持金融稳定。换句话说，经济政策决策其实就是一个权衡利弊得失的过程，在转型经济体当中尤其如此，可能并不存在"放之四海而皆准"的政策选择。这也是我国经济改革"摸着石头过河"所隐含的哲学原理。

现在来看为什么近期金融稳定出现了不少问题。在过去40年间，中国可能是唯一没有发生过重大金融危机的主要新兴经济体，这一点非常了不起。但过去维持金融稳定主要靠两大法宝：一是持续的高增长，二是政府兜底。还是以1997年亚洲金融危机前后的银行业问题为例，当时不良率很高，但是没有发生挤兑，主要是因为有政府兜底。为了处置银行的不良资产，政府成立了四大资产管理公司，从银行转移了1.4万亿元的不良资产，这在当时听起来是一个天文数字。但由于经济持续高增长，还是很容易消化问题的存量。

但现在这套依靠高增长和政府兜底的做法难以持续。政府不可能长期地为所有的金融问题兜底。同时经济增速也在不断下降，中国GDP增速在2010年超过10%，到2019年年底放缓到了6%。经济增速下降，对金融风险有两大含义：一是本来通过在发展中解决的问题，现在因为经济增速放缓了，解决问题的能力开始减弱。二是经济增速下降本身也会带来新的金融风险，比如经济结构转型和投资回报率下降。

过去5年间金融风险抬头的态势非常明显，甚至可以说是金融风险频发。2015年，上半年股市明显回调，下半年外汇市场遭遇非常大的压力，货币贬值、资本外流。

2016年，全世界都开始关注中国的高杠杆率。当时中国非金融负债即政府、企业和家庭的负债率已经高达GDP的240%（见图3.3）。当然，这个水平与发达国家相比并不突出，但比一般的发展中国家要高许多。更重要的是在2009—2015年，非金融杠杆率猛升80个百分点。杠杆率水平高、上升快，引发了普遍的担忧。因此，2016年初我国政府开始实行去杠杆的政策。

2017年，影子银行业务特别是理财产品市场的风险开始受到广泛的关注。年底监管部门为防范系统性金融风险,出台新的政策整治理财产品市场。

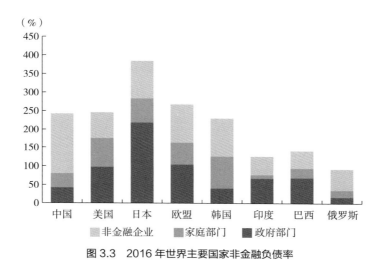

图3.3 2016年世界主要国家非金融负债率

2018年,地方政府包括地方融资平台的高负债率再次成为潜在的风险点。年初全国人大会议对于地方政府的总负债规模定了一个最高限。

2019年,一批中小银行的资产负债表面临非常大的压力,不良率也非常高,包商银行只是一个突出的例子,但其实这个问题非常普遍。

2020年,一度非常活跃达到6 000多家的个体对个体网络借贷平台(P2P)全部清零。当然,虽然平台不运营了,但很多资产、负债问题还没有全部厘清,遗留了不小的金融风险与社会风险。

这样看来,2021年之前的五六年间几乎每年都有金融风险,能够想到会出金融风险的领域好像都已经出现过风险。目前最稳健的还没有出现风险的领域是大型国有商业银行，央行金融稳定局对全国 4 000 多家商业银行做"体检"，最为稳健的就是最大的二十几家银行。它们之所以比较稳健，是因为盈利状况比较好，但也可能是因为它们的背后有更强的国家信用支持。

总结一下，过去维持金融稳定主要靠高增长与政府兜底，不过这两种方式现在看来已经难以为继。过去几十年我国也花了很大的精力建立金融监管框架，但从近期的发展看，金融监管似乎没有管住金融风险。

二、金融监管的必要性

如果做一个简单概括，金融的基本功能就是资金融通。资金融通有不同形态，简单可以分为两类：一是直接融资即资本市场，二是间接融资包括商业银行和保险公司。但二者主要功能是一样的，就是资金融通，资金从富裕方拆借或者投资到短缺方，中间会产生期限的转换、规模的转换、风险的转换。

金融对于经济发展至关重要，这可能是人类经济史上最重要的经济发明之一。金融的诞生，使交换、劳动分工和规模经济成为可能，所以金融伴随着经济增长在不断发展。诺贝尔经济学奖获得者约翰·R. 希克斯（John R. Hicks）教授在他的《经济史理论》一书中有一个重要论断：工业革命不得不等待金融革命。如果没有金融革命，工业革命不可能真正发生，因为光有新技术是不够的，只有大量廉价资金的投入才能把蒸汽机转化成航运业、铁路业和纺织业。

第三章　金融监管需从形式走向实质

金融很重要，但需要受到监管。金融的一个最大短板是信息不对称，如果交易双方不够了解，这个交易就存在风险，这种业务就很难持续。不论是借钱，还是投资，关键是最后能够把本金和回报收回来。所以金融交易需要做信用风险评估，对银行来说，就是要看违约的可能性。违约的可能性是由两个因素来决定：一是还款能力，就是借款人做成业务获得回报的能力；二是还款意愿，就是借款人还款的主观意愿。

其实，金融体系中的金融机构、市场机制和监管政策，有一个共同功能，就是降低信息不对称的程度。银行把存款人的钱集中起来以后，可以聘请专业人员来做信用风险评估，降低信息不对称的程度，同时降低这项工作的平均成本。市场上评级机构写的评级报告给投资者看，也是帮助投资者降低信息不对称，了解投资企业的情况。因此监管政策中很重要的一条就是信息披露，一家发行债券、出售股票的企业，必须定期披露必要的信息。

什么是金融监管？金融监管一般是指金融机构需要遵循的一些规则或者法律，以及为了实施这样一个规则和法律过程当中的必要监测和落实手段。

在监管理论里面有三个学派。

第一个学派是科斯理论。科斯的大概意思是，如果市场有效的话，有法律就行，不需要再进行监管，因为每个人按照法律行事就不会出现问题。诚然，法律很重要，但并不能完全替代监管。依靠法律解决问题，最主要的手段就是诉讼，问题是一般来说诉讼的时间比较长，同时需要实际受到伤害才能起诉。监管的最终目的主要不是处置风险，而是防范风险，或者说是在过程当中缓解风险、缓解伤害。法律与监管同样重要，但不能完全替代。

第二个学派是管制理论。监管是特殊的利益集团用来限制其他的竞争者，从而获得垄断利润，在这个场景当中政府可以作为独特的利益群体，但这也不是我们今天讨论的监管。

第三个学派也是被普遍接受的学派，该学派关注市场失灵和外部性问题。即便在有效的金融市场，仍然可能发生市场失灵的问题或出现四种风险：一是系统不稳定，二是信息不对称，三是市场失当行为，四是反竞争行为。

第一，系统不稳定会引起相互之间的交互影响，最后导致整个系统性的崩盘，这是市场机制不能解决的。如果单纯可以靠市场机制解决，历史上也就不会有这么多系统性的金融危机。

第二，信息不对称是金融交易与生俱来的特征，所以需要一些办法克服它。需要补充说明的是，通过监管可以努力降低信息不对称的程度，但是不可能彻底消除信息不对称，这也是金融交易永远会存在风险的原因。比如人们习惯性地将国债称为无风险资产，但这也只是表明政府的违约率低一些，实际不可能真的零风险。

第三，市场失当行为包括欺诈，比如庞氏骗局。

第四，反竞争行为，比如一些企业设置人为的障碍阻止竞争者进入该行业，从而形成垄断地位，获取垄断利润。

上面这些问题，都是金融监管应该努力解决的。金融监管的目的也是维持金融体系的有效运行，但它的具体目的是克服市场失灵和外部性的问题。对于上述四个方面的问题，需要不同的监管机构和监管政策（见表3.1）。比如，应对系统不稳定的问题需要宏观层面的政策，因为它关系到整个系统的稳定性。制定宏观审慎政策或者实施宏观审慎管理，是全球金融危机以来，各国都在尝试做的一件事。应对信息不对称问题，需要微观层面的监管，对于机构、交易实行具体的监管措施，比如资本金、流动性和资产持有方面的要求。应对市场失当行为，主要是解决公平交易和保护消费者利益的问题，现在各国都有消费者保护机构。防止反竞争行为的政策安排在各国不太一样，但在很多国家都有独立的反垄断特殊机构。

表3.1 不同问题对应的监管机构与政策

市场失灵的类型	系统不稳定	信息不对称	市场失当行为	反竞争行为
监管领域	宏观监管 金融稳定	微观监管 单个机构	交易监管 消费者保护	鼓励竞争
金融部门 银行	宏观审慎监管框架	由一个或多个机构监管	由一个或多个机构监管	通常由一个单独机构负责
金融部门 保险				
金融部门 证券				
金融部门 其他				

监管常用的手段很多，简单地概括一下，包括以下几个方面。

（1）政府安全网（政府救助、存款保险制度、大而不倒问题）；

（2）资产限制（限制持有高风险资产）；

（3）资本金要求（资本充足率、杠杆率、《巴塞尔协议》）；

（4）注册与检查（骆驼信用评级指标体系：资本充足率、资产质量、管理、盈利、流动性和对市场风险的敏感度）；

（5）风险管理评估（控制风险的管理程序、压力测试）；

（6）信息披露（向市场披露必要的信息）；

（7）消费者保护（贷款真实性：关于借款成本的完整并准确的信息、平等信用机会法案）；

（8）竞争限制（限制分支机构、禁止非银行机构与银行竞争）。

存款保险制度主要是为了防范发生大面积的挤兑行为，在我国，所有50万元以下的存款都会由存款保险制度兜底。即便银行出现问题，大部分人都不会去银行挤兑，风险不会发散，也就不会引发系统性的问题。

银行监管限制持有高风险资产。因为银行本身对资产的安全性要求很高，所以一般来说，银行主要是持有一些国债或者高级别的投资资产。对于银行资本金要求主要是为了解决银行运营的可持续性问题，如果银行产生巨额亏损，能够有足够的资本金弥补损失，机构的可持续性不会成问题。《巴塞尔协议》中就包含对资本金的要求，近年来特别是在全球金融危机以后，监管对资本金要求在持续提升，特别是对所谓逆周期的资本金要求和对一些系统重要性机构的额外资本金要求逐步提升。

金融监管有很多不同分类方法。按照监管方式，金融监管可以分为机构监管和功能监管。我国实施的是机构监管，就是根据机构的法律性质或者业务类别来实施监管，一个通俗的说法是谁发牌照谁监管。功能监管主要是根据交易性质来实施监管。涉及信贷业务，就归银保监会监管；销售投资产品，就归证监会监管。按照监管目的，金融监管也可以分为行为监管和审慎监管。行为监管主要纠正失当行为、防止不公平竞争。审慎监管则是保障微观和宏观层面的稳定。

从机构设置看，金融监管模式大致可以分为三类。

第一类是分业监管模式。银行、保险、证券按类别不同分开监管。这是中国的做法，现在的监管架构是"一行两会"，也有的叫"一行两会一局"。美国也是分业监管模式，他们的监管架构是"双层、多头"。双层指的是联邦政府和州政府有各自独立的监管权限，同时分为证券、银行、外汇等多头。在1998年花旗集团成立以后，美国出现了很多综合性的金融服务机构，但保留了分业监管的模式。当然，在全球金融危机之后美国也成立了由财政部牵头、各监管机构参与的美国金融稳定监督委员会（FSOC）。

第二类是双峰监管模式，主要将审慎监管和行为监管分开。审慎监管负责金融稳定，行为监管负责公平交易，这两个监管，类似骆驼的两个峰。澳大利亚就是这种监管模式非常典型的例子，它有两个不同的机构。很多国家的宏观审慎监管由央行负责。

第三类是混业监管模式，很多监管功能都在同一个监管机构里面。最突出的例子是新加坡，监管机构叫新加坡金融管理局，这类监管架构实际上就是大央行制，货币政策、金融监管、微观监管、宏观监管、行为监管都由它来管理。

过去十几年、二十几年里，各国的监管模式一直在改变。到底哪一种更好，各有各的看法。但是根据各国的经验，双峰监管模式的相对时效性更好一些。但这也不是绝对的，不少专家指出，金融监管的有效性，并不完全基于监管的模式，而是基于监管的具体做法。

在2008年的全球金融危机以后，金融监管改革明显提速，各国以及国际金融稳定委员会、国际货币基金组织（IMF）等一直在讨论国际金融改革问题。2008年美国次贷危机演变成全球性大灾难，带来的教训就是金融监管出了问题，所以需要进一步的改革。目前来看进展比较多的是在以下三个领域。一是宏观审慎监管，即便每家机构都稳健了，也不见得整个系统就是稳定的，所以宏观审慎是新概念、新框架。二是加强行为监管，其实就是公平交易，加强消费者保护。三是提高微观审慎监管的标准。

我国的金融监管框架也在不断变革。我国开始有真正意义的金融监管是在1984年1月1日，那一天中国人民银行一分为二，一半变成工商银行，就是商业运行部分，剩下的一半政策性留在了今天的中国人民银行，就是中央银行和金融监管。1992年成立中国证监会，后来逐步演变成"一行三会"，2018年银保监会合并，变成了现在的"一行两会"。

2015年我国有一场关于金融监管到底应该如何改革的大讨论，当时关注的重点是政策协调问题。因为各个部门之间没有很好地协调，留下了很多监管的空白地带，造成了不少风险，特别是影子银行、互联网金融等。当时我也写了一篇文章《呼唤国家金融稳定委员会》，希望通过设立这样一个委员会来加强政策协调。2017年，国务院成立了金融稳定发展委员会。2018年，银监会和保监会合并，人民银行强化了政策协调功能。

2017年党的十九大提出的"双支柱"宏观调控框架是一项重要的政策创新，这项创新的触发因素可能是美国的次贷危机。次贷危机爆发以前，美联储实行了非常宽松的货币政策，当时经济很强劲、就业很充分、通胀很温和，因为美联储的主要政策目标是维持价格水平稳定，所以完全没有必要调整货币政策。事后我们知道虽然价格很稳定，但当时非常宽松的货币政策环境却导致了严重的金融风险，最终酿成了全球金融危机。这就提出了一个问题，货币政策要不要同时应对金融风险？货币政策要关注金融稳定问题，这一点已达成了共识，但金融风险或者资产价格能否直接写到货币政策的目标函数里？应该说可操作性很低。

新的共识是"两条腿走路"。一条腿是货币政策，主要支持价格水平的稳定，同时关注金融稳定。另一条腿是宏观审慎政策，主要追求金融体系的稳定。这也是党的十九大提出的"双支柱"基本内容：货币政策追求价格水平稳定，宏观审慎追究金融政策稳定，两者之间紧密协调。在2019年中国人民银行专门成立了宏观审慎管理局，与货币政策司并立运行。

我国的宏观审慎政策框架的关注点主要在三个方面：房地产、跨境资本流动，以及商业银行、系统重要性机构、金融控股公司和重要基础设施（见表3.2）。这三个领域都是非常容易引发系统性风险的地方。

表3.2 我国的宏观审慎政策框架

工具	政策变量	主管部门
一般性的工具	杠杆率	银保监会
	动态拨备率	银保监会
	逆周期资本缓冲	中国人民银行与银保监会
	宏观审慎评估体系（MPA）	中国人民银行
	房地产贷款集中度管理	中国人民银行与银保监会
家庭部门工具	贷款成数（LTV）	中国人民银行

续表

工具	政策变量	主管部门
企业部门工具	商业房地产的贷款成数	中国人民银行
	跨境资本融资全覆盖宏观审慎管理（企业部分）	中国人民银行与国家外汇管理局
	金融控股公司市场准入管理与监管	中国人民银行
流动性工具	流动性覆盖率（LCR）	银保监会
	净稳定融资比率（NSFR）	银保监会
	外汇融资约束	中国人民银行与外管局
结构性工具	系统重要性机构的附加资本金要求	中国人民银行

三、监管的有效性不足

我国的监管体系目前还在演变的过程当中，但为什么它在近年没能很好地管住金融风险呢？

第一，分业监管、机构监管的格局导致存在监管空白领域，政策协调也不够理想。很长时期内，影子银行和数字金融都属于"三不管"地带。在2017年和2018年的监管机构新设与调整以后，政策协调有了很大的改善，但问题并未得到根除，各部门之间缺乏协调的现象依然存在。这是造成金融风险的一个重要原因。

第二，监管的专业性、独立性甚至权威性还不是很强，可能影响了达成监管政策的目标。在实践中监管政策和其他政策混淆的现象非常普遍。一方面，政府经常把一些非监管任务交给监管部门，比如，过去在经济不景气的时候，需要加强金融对实体经济的支持力度，可以通过调降股票投资的印花税率来调节市场活跃度，这显然更像宏观政策，而不是监管政策。另一方面，在监管政策的实施过程中，运动式监管、情绪化监管也比较常见。现在有一些监管官员提出要把金融风险降到零，这实际上是违背金融规律的。前面提到，只要做金融交易，就一定会存在风险，真的要把金融风险降到零，那业务也就没法进行了。

第三，有规不依、有法不依的现象非常普遍。前面介绍金融监管主要是三个方面的内容，一是一套规则与法律，二是在实施过程中的监测，三是保证落地的手段。这三条现在我国一样不少，但就是规则和法律没有真正落地，执行效果不是很理想，导致规则形同虚设。

第四，监管部门同时肩负发展与监管两大责任，但这两者之间有时会产生矛盾。如果发展成为主要的政策目标，监管部门就可能提高对风险的容忍度，因为只有这样才能快速地发展。反过来监管部门对违约或者破产的容忍度就会很低，监管出现偏向，非常不利于金融部门的健康发展。前几年保险行业出现过许多风险问题，多少跟这条有关。对于从业人员来说，违约成本很低，当然就没有动力真正按照规则办事，市场纪律也就很难建立。

第五，宏观审慎政策刚刚建立，实施还不顺畅。比如，一提出要去杠杆，不仅仅是监管部门全力以赴，各级政府也积极作为，因为杠杆率会作为工作成绩考核的内容，这就很容易走极端。尤其对于金融问题，在极端之间来回摇摆是很危险的。

举个几个具体的例子来说明监管的问题。

第一个例子是个体对个体网络借贷，即 P2P 问题。第一家 P2P

平台在2007年上线，但这个行业的暂行管理办法直到2016年中才出台，其间几乎就是野蛮生长状态。各国对P2P平台的定位是信息中介，我国也是这样。但客观地说，在我国目前的信用环境下，如果不利用中国人民银行征信系统，P2P平台几乎没有商业可持续性，因为借贷双方缺乏降低信息不对称程度的有效手段。但很长时期内监管并没有明确划定界限，对于很多平台来说，信息中介没法做，要想做业务，只能野蛮生长，各显神通，资金池、自动投标、担保等做法，五花八门。等到监管实在觉得不能再放任下去了，出台了一个暂行管理办法，这个行业基本上就结束了。但那个时候P2P行业已经是一地鸡毛，无数的投资者、借款人卷入其中，即便要结束业务，也不是那么容易。

设想一下，如果监管早点入手，起码把简单的规则罗列清楚，明确哪些可以做、哪些不可以做，也许这个行业不会发展到后来存在那么大风险的地步，也许还有个别平台可以发展出可持续的商业模式。这个例子应该说就是监管长期空白的结果。

第二个例子是近年来以包商银行、锦州银行为代表的一大批中小银行出现问题。仔细分析这些银行的问题根源，说到底是这些银行没有严格执行监管规定和法律法规。很多银行的大量资金都流向了大股东关联企业，2020年年底，中国人民银行在对商业银行的"体检"过程中也发现了不少此类现象，而这种做法在监管规则里是被明文禁止的。如果一家机构出现问题，可以说是个别银行的问题，但如果一批机构都出现问题，可能就需要从规则上来找原因了。经济学有一个说法是：好的制度让坏人做好事，坏的制度让好人做坏事。如果没能建立一个守规则的环境,本来守规则的人最后也不会守,现在的问题不是没有规则,而是没有人督促落实。包商银行的问题不是一两天做出来的,为什么一直没有发现或者发现了一直没有采取措施?监管有法不依或者有规不依,银行风险上升就是很自然的现象(见图3.4)。

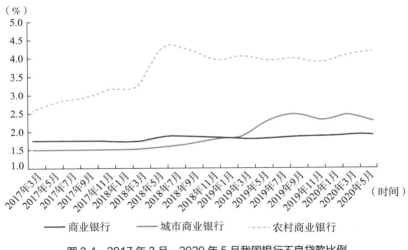

图3.4 2017年3月—2020年5月我国银行不良贷款比例

第三个例子是金融机构承担许多政策性责任。1997年亚洲金融危机发生时,我国银行平均不良率超过了30%,触目惊心,政府通过兜底稳住了局面。从正面说是政府帮了这些银行,但从银行角度来说,很多问题其实也是政府造成的,因为有很多贷款是政策性贷款。当时有一种"安定团结贷款",就是快过年了,一些企业经营困难,发不出工资,政府就要求银行向企业贷款发工资,让工人们过年。这样看来,银行确实承担了政策责任,有了风险,政府出面兜底也是很正常的事情。但金融里面还有一个道德风险的问题，反正政府会兜底，银行就不会非常努力地经营，甚至将其他因素导致的风险跟政策责任的后果放在一起。

2020年新冠肺炎疫情期间也有同样的现象。2020年各国政府都采取了"不计一切代价的政策"，但做法略有不同。市场经济国家的财政支出中最大三项是：一是保就业的补贴，只要企业保证不解雇工人，政府就提供补贴，其实是保工人就业；二是失业救济；三是直接发现金。这三条相当于用各种方式把钱送到居民手中，主要是保老百姓的生活。我国财政三大开支分别是基础设施投资、税收减免、公共卫生开支，这三条都很重要，但显然主要目标是保经济主体，把中小微企业保住，间接地保老百姓的生活，同时为经济复苏打下基础。我国的做法有两点值得关注：一是这些做法没有直接把钱发到企业或者个人手上。二是保经济主体最主要的渠道——商业银行对中小微企业的贷款。2020年中小微企业贷款余额达到15.3万亿元，增长了30%以上，并对其中7.3万亿元的贷款实施"应延尽延"政策，还本付息可以延迟到2021年6月底。现在看结果，美国的做法是政府的负债骤升，因为钱花出去了不会回来，我国的做法是企业的负债骤升。

大危机来临不计一切代价的政策无可厚非，保老百姓还是保经济主体，只是方法不同而已，也跟制度环境和历史传统有关。但我国做法一个最大的问题，在于责任大部分落到了金融机构的肩上，政府一直没有明确说明，一旦金融资产质量明显恶化，谁来承担主要的责任。2020年商业银行不仅要增加中小微企业贷款，还要降低贷款利率,这显然是具有很强政策特性的贷款业务,尤其是在新冠肺炎疫情期间。中小微企业很重要,这一点毋庸置疑,但银行是商业性机构,它们首先需要关注盈利和风险,其次才能考虑支持国家的政策。稳健开展业务的基础包括:一是有效的信用风险评估手段,如果缺乏有效的手段,只是盲目地在政府的压力下放款,最后会造成一堆烂账,在某种程度上 P2P 平台的经历就提供了一个前车之鉴;二是市场化的风险定价,风险不是做金融交易的根本障碍,但成本必须覆盖风险,否则将无法持续。可惜我国在这方面的政策一直没有改善,各级政府、金融机构都很努力,但总是给人一种"事倍功半"甚至"好心办坏事"的印象。

现在的问题是,2020 年下半年银行不良率上升会是一个大概率事件,谁来承担责任却不清楚。可以想象的是,如果银行出现生存困难,政府或者中国人民银行一定会出手,否则财务后果只能由银行自己承担。这样的做法,似乎也没有问题,反正大家都是在政府信用的平台上。但这与市场化改革大方向可能不太一致,而且政府遇到问题就将政策性责任压到金融机构身上,虽然将来一旦出问题,政府也不会袖手旁观,但如果一直是这样的做法,金融机构商业化运营恐怕会一直举步维艰。更重要的问题是,政府现在恐怕越来越难以对所有的金融风险兜底。2020 年的情况是,大银行不会有问题,但许多中小银行在新冠肺炎疫情之前就遇到了不少问题,如果再加上不良率上升,可能运行就会发生困难。比如在不良率上升之后还有没有足够的流动性支持实体经济,有没有足够的资本金来开展新的信贷业务,这些都是值得关注的。

四、监管改革的方向

如果对前面的分析做一个小结，经过40年的努力，我国的金融监管框架现在已经搭建起来了。从表面看，机构、人员、目标、规则、手段，应有尽有。唯一的问题是似乎很多监管政策都没有真正落到实处，这应该是下一步监管改革的重点，将"形式上"的金融监管转变为"实质性"的金融监管。当然，这个改变不能仅仅局限于监管内部，它可能是一个系统工程。

近期金融风险没有管控住，所反映的是金融监管的转型期问题。我国的经济体制从计划经济转向市场经济，在这个过程中我国采取了双轨制改革的策略，管制比较多本身就是转型过程中的过渡性现象。今天的很多监管困境也和过渡期有关，说到底就是政府和市场的关系应该怎么处理。过去政府在一定程度上替代了市场的功能，替代了监管的功能，而且这种替代并不都是坏事情。1997年我国没有发生大规模的金融危机，2008年我国也没有发生金融危机，在很大程度上就是得益于政府信誉对金融稳定的支持。但随着时间的推移，现在两者之间可能需要重新界定，有些是政府需要继续做的，有一些可能更多地要让监管来做，而且监管要有相对独立性。

在转型过程当中一旦碰到问题，各方就开始紧张，一紧张政府就会出手，政府一出手局面往往就稳住了，这当然也是好事情，起码有一个可靠的稳定机制。但它的悖论是，政府频频出手，市场化的风险处置机制就很难建立起来，甚至连市场纪律也很难建立起来。比如政府过去一直说要释放局部的金融风险，这样整个系统才能变得更稳定，难就难在这个界限很难把控。

政府总是将太多的政策功能强加到监管和金融，像中小微企业贷款这件事情，已经做了很多年。政府无比重视解决中小微企业融资难的问题，也采取了很多有效手段，但说实话有些手段没有完全顺应金融规律。实际上这也是转型期面临的问题，政府知道中小微企业对中国经济发展至关重要，要支持它们。但是政府也没有那么多资金来支持它们，让金融机构做已经很习惯了，如果持续这样，问题会不断积累。从大的原则看，还是应该尊重市场原则、金融规律，如果市场化风险定价太高，政府可以提供资金贴息，不要简单地把包袱推给金融机构。

中央提出要守住不发生系统性金融危机的底线，这是一项系统工程。现在一些金融风险实质是大的金融政策带来的，比如说双轨制改革，对违约和破产的容忍度很低，所以就留下了很多僵尸企业，随之就带来了很多金融风险。所以第一步要深化市场化改革，让市场机制真正发挥作用，包括实现所有权中性，真正做到公平竞争，适者生存。减少政府对企业、金融的干预，进一步推进市场化的改革。

具体金融监管改革面临的一个绕不开的问题，就是政府和监管之间的关系。过去政府和监管之间的关系相对来说比较模糊，政府帮助监管做了很多维持金融稳定的工作，但在一定程度上也会影响监管维持金融稳定的努力，将来两者能不能适当地分离，"政府的归政府、监管的归监管"。当然，这个分离不是绝对的"小葱拌豆腐，一清二白"，两者之间还是需要合作与配合的。比如在全球金融危机期间，都是各国政府首先把系统性、重要性机构稳住了，其次才谈得上支持经济复苏。政府什么时候应该直接介入金融风险处置当中？从大原则看，应该是两种情形：一是产生系统性金融风险，这个时候完全靠金融体系内部已经无法完全消除问题；二是一些政策性的金融责任，政府应该主动承担财务成本。

2020年新冠肺炎疫情期间的中小微企业贷款就属于后面一种情况。2020年春天，IMF曾经建议了一个特殊目的平台用于服务中小微企业融资（见图3.5）。这个平台由三方参与，央行提供流动性、银行直接发放贷款、财政兜底。这个建议的优点在于央行提供了流动性支持，但不会因为有些资金收不回来而影响未来的货币政策，商业银行离中小微企业最近，可以帮助输送资金，但也不会因为承担政策性责任而影响将来的资产负债表健康性，财政拿一小部分资金兜底，但可以撬动大量的资金保住中小微企业。我一直认为这个思路非常有价值，2020年也一直向各个决策部门建议借鉴，可惜出于多方面的原因，并未被决策部门采纳。

但这个事情是拖不过去的，所以不如政府现在主动站出来承担财务责任。这样，金融机构与市场都会有一个明确的预期，信心也不会产生动摇。当然，即使政府现在不站出来，最后也还是要承担责任，只是在这种"隐性兜底"的情况下，会产生许多的不确定性，对银行、投资者、实体经济都可能形成风险。而且2020年下半年的金融风险，可能并不仅仅局限于商业银行，地方债务包括地方国企与地方融资平台债务也是一个值得密切关注的风险点。

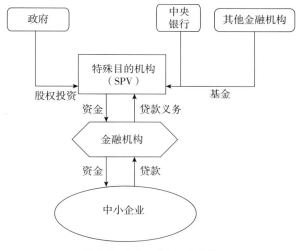

图 3.5　中小微企业融资结构

资料来源：国际货币基金组织。

就具体的监管改革而言，可朝四个方向努力，但核心是要尊重金融规律，把金融监管做实。

第一，明确监管目标。金融监管有很明确的目标，简单说就是保障公平竞争，保护金融消费者利益和维持金融稳定。所有其他的责任，无论是发展、宏观经济还是其他，都不应该成为监管政策调整的原因，只有专心致志地把金融体系稳定住，才是对经济最大的贡献。比如，对于资本市场的监管者来说，有序的市场和公平交易的市场是要追求的目标，资产价格的高低则不是。

第二，有了清晰的目标之后，一定要赋予监管部门一定的独立性、专业性和权威性。这里所说的独立性，不一定是建立一个完全独立的机构，而是在决策监管政策的时候要有足够的权限，而且要讲专业性，因为金融监管是一门专门的技术，需要很多知识与经验的积累。同时，监管要有足够的权威性。过去对违约行为的处罚力度太轻，违约成本很低，从业人员当然会不以为然，这样就无法真正建立市场纪律。

第三，对金融监管要问责。无论监管怎么组织、如何执行，最终还是要看效果。需要避免的是，每次一出问题就痛骂从业人员。如果一家机构出问题，应该努力处置那家机构的问题。如果一大批机构出了同样的问题，就必须从监管规则和落实方面找原因。这样的问责，目的是让监管部门与官员尽责尽力地去落实政策与规则，而不是挑三拣四、多一事不如少一事。当然，问责也要避免另一种极端，就是把金融体系管死，管死也是一种失责行为。

第四，监管资源要大大增加。几十年来我国的金融体系蓬勃发展，从规模来说已经快要成为全世界最大的金融体系，几家大型银行都是在全世界排名前十。我国的资本市场相对不太发达，但股市市值和债市市值在全世界排在前三位，规模非常大，而且市场金融体系变得越来越复杂。数字金融创新是很前沿的技术，但是我们的监管资源没有充分跟上，从编制、经费、技术能力来说都需要大大加强，这是值得投资的事情。只有监管能力增加了，监管体系保持一定稳定，才能守住不发生系统性金融危机的底线，这个政策目标是非常重要的。

总之，过去的金融改革政策很成功，但现在也看到了不少新的问题，包括在金融效率和金融风险等方面。努力守住不发生系统性金融危机的底线是一项系统工程，首先，要进一步推进市场化的改革，终结双轨制，实现所有权中性。其次，要科学地处理政府与监管之间的关系,除了系统性风险和政策性责任,政府最好不要过多地干预金融监管政策。最后,要再开展一场彻底的金融监管改革,把"形式上"的金融监管转化为"实质性"的监管。

中国经济 50 人论坛丛书
Chinese Economists 50 Forum

第四章　乡村振兴与农业农村现代化[①]

陈锡文[②]

---

① 本文根据 2021 年 5 月 11 日长安讲坛第 377 期内容整理而成。
② 陈锡文，论坛成员，第十三届全国人大常委、农业与农村委员会主任委员。

2020年12月28日,习近平总书记在中央农村工作会议上指出,现在我们的使命就是全面推进乡村振兴,这是"三农"工作重心的历史性转移。这句话我觉得有两层含义:一是我们现在到了全面推进乡村振兴的阶段,这个阶段应该说是实现我国社会主义现代化的重要阶段,所以推进乡村振兴是我们的使命。二是打赢脱贫攻坚战后,集中力量全面推进乡村振兴,实现农业农村现代化,这是一个历史性转折点。在此之前,习近平总书记就多次指出,实施乡村振兴战略是新时代"三农"工作的总抓手,21世纪以来第18个指导"三农"工作的中央一号文件又强调从两个视角看新形势下的"三农"工作。

一是从中华民族伟大复兴的视角看"三农"工作。由此得出的结论是,民族要复兴,乡村必振兴,这两者是休戚相关的。二是从世界百年未有之大变局的视角来看"三农",得出的结论是稳住农业基本盘,守好"三农"基础是应变局、开新局的"压舱石"。农业农村发展对于我国迈向全面建设社会主义现代化国家具有"压舱石"的作用。任凭风浪起,稳坐钓鱼台,我们的国家、人民、民族要发展,依靠的就是农业要稳、农村要稳。

因此,从现在面临的目标和任务来看,我国正处在两个百年的交汇点上。下一步从基本实现社会主义现代化和建成社会主义现代化强国的目标任务来看,从世界百年未有之大变局对我国的挑战和机遇来看,实施乡村振兴战略至少要解决三个大问题。

第一,要明确乡村的功能定位。为什么要振兴乡村?乡村振兴应该从哪些方面振兴、振兴以后乡村会怎么样?这需要把握乡村的功能定位,更好地发挥乡村的特有功能。

第二,要持续地推进农村改革发展,才能加快农业农村现代化进程。

第三,重塑城乡工农关系,加快化解发展不平衡、不充分的矛盾。

一、明确乡村功能定位

2021年2月21日,《中共中央 国务院关于全面推进乡村振兴加快农业农村现代化的意见》,即2021年中央一号文件发布,提出农村要"充分发挥农业产品供给、生态屏障、文化传承等功能"。同年4月29日,第十三届全国人民代表大会常务委员会第二十八次会议通过《中华人民共和国乡村振兴促进法》(以下简称《乡村振兴促进法》),这部法律自2021年6月1日开始实施。在该法"总则"第三条中也明确指出:"充分发挥乡村在保障农产品供给和粮食安全、保护生态环境、传承发展中华民族优秀传统文化等方面的特有功能。"所以,不论是中央一号文件,还是《乡村振兴促进法》,都明确提到乡村至少有三大功能:一是保障国家粮食安全和重要农产品供给;二是提供生态屏障和生态产品;三是传承发展中华民族优秀传统文化。需要注意的是,《乡村振兴促进法》中明确指出的乡村特有功能,城市是发挥不出来的。从这个角度看,明确乡村的功能定位非常重要。

城和乡有不同功能,充分发挥好城市和乡村的各自功能,对国家持续健康发展有着重要的作用,城和乡是相互依存的"命运共同体",如果说哪部分的功能发挥不好,国家的发展进程就将受到负面影响。

城市的功能主要在于集聚和融合,而乡村的功能主要在于守护和传承。城和乡都要创新,但是创新的前提不一样。城市的创新建立在吸引各方要素到城市集聚,在此基础上通过融合来自四面八方的资金、技术、劳动力等要素来形成一种创造活力,从而不断推出新技术、新理念,不断创造新的生产、生活样式。城市把集聚和融合功能发挥好,就能够真正起到带动国家创新的作用,而城市就会成为引领一个地区乃至国家经济社会发展的增长极。乡村创新的前提是必须守护和传承好一个地域、一个国家生存发展的根脉。守住了这个根脉,社会在时代变迁中就能维系国家和民族的基本特征,保持国家和民族的基因。

具体看,乡村的重要功能有三个方面。

第一,保障国家粮食安全和重要农产品供给。这个功能是乡村所特有,而城市不具备的。城镇越发展,集聚到城镇的人口越多,乡村的这个功能就显得越重要。

我国农村在保障国家粮食安全和重要农产品供给方面的功能到底发挥得怎么样?中华人民共和国成立之前,粮食产量最高的一年是 1936 年,达到 3 000 亿斤左右。到了 1949 年粮食产量是 2 264 亿斤,大概比 1936 年减少了 25%。再到 1978 年改革开放前,粮食产量是 6 095 亿斤。改革开放以来粮食生产增长得更快,2020 年,我国粮食产量达到了 13 390 亿斤。从 70 多年以来粮食方面的增长看,我国乡村在努力发挥着确保国家粮食安全和重要农产品供给的作用。

但是现在粮食等重要农产品供给也存在着一些问题。2020 年,我国粮食产量达到 13 390 亿斤,创了历史新高,同年我国农产品进口尤其是粮食进口也创了历史新高。我国的粮食口径包含五类农产品:稻谷、小麦、玉米、大豆和薯类(马铃薯、红薯),我国进口的粮食其中也包括大豆。2020 年,我国进口粮食数量接近 1.4 亿吨,大概是 2020 年国内粮食总产量的 20.8%,超过 1/5。从这个角度看,乡村要保障国家粮食安全和重要农产品供给,也就是保障全民的食物供给安全,压力是非常大的。

目前粮食供求的总体情况是口粮自给有余,但饲料粮、油、糖、肉、奶等重要副食品自给不足,对国际市场的依赖程度正在提高。口粮主要是大米和面粉，我国现在生产的稻谷和小麦每年基本都会有所剩余，库存非常充足，但是饲料粮自产不足（主要是玉米、豆粕）。由于人民生活水平不断提高，油、糖、肉、奶等重要副食品表现出越来越大的供求缺口，所以这几年的进口量也在增加。我国现有耕地19.18亿亩，大概占全球耕地总面积的9%。我国的淡水资源约占全球淡水总资源的6%。以全球9%的耕地、6%的淡水，要保障全球18%以上的人口吃饭，这个压力确实很大。

在此背景下，进口一定数量的农产品是必然的。但是中国作为拥有14亿多人口的大国，如果农产品过于依靠进口，风险也会很大。所以中央一再强调，不管发生什么样的变化，我们一定要做到"谷物基本自给，口粮绝对安全"，其中的"口粮绝对安全"是指稻谷和小麦要做到完全自给。将来人民生活水平还会进一步提高，食物消费水平也会进一步提高，所以要始终做到"谷物基本自给，口粮绝对安全"。一是严格保护耕地，习近平总书记讲要采取"长牙齿"的硬措施，落实最严格的耕地保护制度。二是推进农业科技进步，尤其是种业发展方面我国和国际相比有很大差距。这几年，中央一直在强调确保国家粮食安全，一定要确保藏粮于地、藏粮于技。藏粮于地是把产能藏在土地中，需要的时候就发挥出来。藏粮于技是要不断推进农业科技进步，使有限的耕地能有更多的产出。严守耕地、提高耕地质量以及破解种业"卡脖子"难题，这些都是当前最重要的任务。

第二，提供生态屏障和生态产品。城市也需要考虑生态、绿化、绿地、湿地等问题，但城市的占地面积在国家版图中的占比很小。我国城市、县城和建制镇合在一起，这三级城镇建成区面积大概 12 万平方千米。我国国土面积是 960 万平方千米，即使加上道路、港口、机场等基础设施以及独立工矿区，总体布局中非农业的面积占国土面积也只有 3%~4%，国家版图上绝大部分面积均是乡村。从这个角度看，能够起到维系整个国家生态安全功能的主体一定是乡村。城市的绿化，在解决自然生态问题和气候问题中的作用有限，因此维护和建设生态环境的主体在乡村。

这些年，习近平总书记关于"绿水青山就是金山银山"的理念得到全社会普遍共识，改善生态环境就是发展生产力，保护生态环境对于经济社会发展有着重要的作用。但是生态环境的改善或者修复不是一朝一夕的事情，很多历史遗留问题也不是短期内就能解决的，有很多问题和我国资源禀赋有直接关系。我国 960 万平方千米的国土面积中，真正适合从事农业生产和人类居住的面积并不多，耕地面积也只有 19.18 亿亩，仅占国土面积的 13% 左右。很多宜农、宜城、宜工的土地还是重叠的，而不宜人类生存的地方又占了很大比重。我国陆地生态系统的主体是森林，经过多年的努力，我国森林覆盖率达到 23.04%，而世界平均水平是 32%，我国森林覆盖率要比世界平均水平低 1/4 以上，只相当于世界平均水平的 72%。因为不能跟粮食生产争地，而在荒漠、荒山，植树造林的难度很大，所以发展林业的难度也是很大。加上在工业化推进过程中造成的水体污染、土壤污染乃至大气污染等，这些问题的治理都需要付出锲而不舍的长期努力。

最终要回答的是，我们祖先用了 5 000 年的土地，到我们手里还能用多少年？恢复乡村在维护环境中的功能，应该是从我们开始，一代又一代人都必须努力去推动的事情。碧水蓝天、青山绿野是乡村应该有的自然景观，也是人们追求幸福生活的向往。如何发挥乡村作为生态环境守护神的功能，这是乡村振兴中必须努力要做好的事情。

第三，传承发展中华民族优秀传统文化。城市文化是一种多元性文化，是各种文化融合在一起的结果。而乡村文化更多体现为植根于本土、传承于历史的民族性和地域性。从这个意义上讲，乡村保存的优秀历史传统文化比城市要久远、纯粹。

文化的概念很宽泛，我个人认为，中华民族传统文化尤其是中国的乡村文化大概可以分为以下三个层面。

第一个层面是理念。通俗来讲，理念就是做人、待人、接物、处事的道理和规矩。乡村文化中就包含着大量的做人道理和规矩，比如天人合一、师法自然、耕读传家、尊老爱幼、勤俭持家、邻里和睦、守望相助等，这些都是几千年来人们在生产生活中凝练出的理念。应该说，这些理念体现出中华民族的品格，也是我们这个民族最宝贵的精神财富。当然，传承理念一定是取其精华，去其糟粕，这也是我们讲传承历史文化的使命。理念在形成之后，可以规范一个人的言行，成为一个人的立身之本。

第二个层面是知识。知识是人们在漫长的生产生活实践中，逐渐积累起来的对事物规律的认识。乡村传统文化中有大量的知识传承，比如我们经常用到的二十四节气，就是我国劳动人民在漫长的实践中积累总结出来的，是以我国历史上主要活动中心区域的自然界气候、物候变化规律为依据建立起来的。中国是个农耕文明的国家，古代的农书非常丰富，比如徐光启的《农政全书》、贾思勰的《齐民要术》等，这些书籍都是传授农业知识的重要载体。各地的农民中流传着很多古农谚，这些也是劳动人民在生产生活实践中总结出来的。

中国是重农的国家，不仅老百姓重视农业知识的积累、传承，皇家宫廷也非常重视。皇家有一个术语叫"劝农"，就是不仅要教导老百姓从事农业，而且要传授给老百姓农业技能。北京颐和园有一个景区叫耕织图，该景区有一个长廊上镶着几十幅石刻，这些石刻就是耕织图。耕织图描绘了耕种的全过程，包括从开始浸种、育秧、插秧、耘田，到收割、打场，直到把稻谷晾晒入库，还描绘了养蚕织布的全过程包括种桑树、孵蚕宝宝、喂蚕宝宝，蚕宝宝结茧以后怎么缫丝织锦等。

从这个意义上讲，中国古代的劳动人民，乃至社会各个阶层，对生产技术知识的重视、积累以及传承是非常重视的。也正是因为这样，中国的古代农业才能发展到传统农业的顶峰。现在我国提出的力争2030年要实现碳达峰、2060年实现碳中和，某种程度上古代农业技术可以为我们实现现代目标提供非常重要的技能和知识方面的借鉴。

第三个层面是制度。制度是对机构、组织和个人的一种强制性约束和规范。我国历史上有大量的制度，正式的制度往往体现为法律法规，非正式的制度往往体现为人们日常生活的准则和乡规民俗。一些法律里面没有写到具体的条例，但大家共同遵循和自觉接受约束的制度，我们称之为"习惯法"。这些制度从各个方面，在经济生活、文化生活、社会交往中规范着人们的行为，在某种程度上给社会有秩序的运行提供了保障。

总的来讲，我国的乡村在以往几千年发展中创造出了璀璨的文明，乡村振兴要让乡村在历史上发挥过的推动人类社会进步的重要作用得到更好的发挥。面对国际风云变幻，农村振兴至少要让14亿多人民温饱无忧，能让人民在碧水蓝天、青山沃野之中感到环境美好，能让中华民族祖先创造出的璀璨文化不断传承下去。

实施乡村振兴战略的总要求分别是五大方面：一是产业兴旺，二是生态宜居，三是乡风文明，四是治理有效，五是生活富裕。产业兴旺、生态宜居、乡风文明就是指乡村特有的这三大功能。在乡村振兴中讲产业兴旺首先是农业兴旺。生态宜居不仅仅指每个村庄生态宜居，而且整体农村的生态状况可以为国家包括城镇提供良好的生态环境。乡风文明要从优秀的传统文化中吸收营养，并且在这个基础上赋予新的时代内涵使其发扬光大。乡村的这三大功能在中央提出的要求中体现得很充分，但实现乡村振兴的主体还是要靠生于斯、长于斯的乡村居民，因此需要调动乡村居民的积极性，发挥好他们的主体作用，这就一定要把乡村社会治理好，让人民有富裕、安定的生活。

二、持续推进农村改革发展

只有持续推进农村的改革发展，才能更好地发挥乡村特有功能，进一步加快农业农村现代化步伐，让农村居民有更多的获得感、幸福感和安全感，使乡村居民在实施乡村振兴的过程中发挥良好的主体作用。

推进农村改革首先得明确，我们的改革是对什么制度进行改革。迄今为止，我国农村经济社会主要有四大基本制度：一是宪法规定的农村集体所有的土地制度；二是农村集体经济组织制度，即由农村集体经济组织来代表农民行使集体土地所有权的组织制度；三是农村基本经营制度，这就是我们经常讲的"以家庭承包经营为基础、统分结合的双层经营体制"；四是农村村民自治制度。前三项主要涉及经济方面，最后一项讲的是政治、社会方面。农村的基本制度是根据国家的根本制度、基本制度来设计的，广大农民在这四项基本制度下从事生产和生活活动。

在这四项农村基本制度下，作为农民有什么权利？一方面，农民作为公民，享有宪法赋予的所有权利；另一方面，中国农民有一个特殊身份，即每位农民都是农村集体经济组织的成员，所以他们又享有集体经济组织成员特有的权利。作为集体经济组织的成员，农民主要有四大权利：一是有承包经营集体土地的权利；二是有申请宅基地使用权的权利；三是有参与集体资产收益分配的权利；四是参与农村基层自治的权利。因此，我国农村改革一定是朝着完善农村四大制度和保障农民四大权利的目标而进行的。我们深化改革的基本出发点，就是要让农村的四项基本制度更加有效，要让四项基本权利为农民带来更多的获得感。

当前最大的改革方向有四项：一是农村土地制度改革，二是农业经营体制改革，三是农村集体产权制度改革，四是村民自治制度改革。

（一）农村土地制度改革

农村土地制度改革是目前全社会关注的问题，土地改革制度大概可以分为两个方面：一是耕地，这是农村土地的主体；二是非农建设用地。

1. 耕地制度改革

关于耕地制度改革，党的十八大以来提出了三大改革措施。

第一，对农户已经承包的集体土地实行确权、登记、颁证。改革开放初期，农民开创性地实行了"包产到户、包干到户"。1984年，中央一号文件《当前农村经济政策的若干问题》中明确指出，实行双包到户政策，耕地的承包期不应短于15年。1993年中央11号文件明确第一轮土地承包到期后再延长30年不变，加起来就是45年。现在绝大多数地区都处在第二轮承包期中。在第二轮承包过程中，中央提出对农民承包土地实行确权、登记、颁证。很多人提出承包权证以前就有，已经跟村里签了承包合同，县里给发了承包权证，跟现在有什么不同呢？不同的地方主要有两个方面：一方面，原来承包权证对承包地块的位置没有明确坐标，现在可以通过GPS来精确定位承包地块的位置；另一方面，承包权证上将登记者从户主变成所有家庭成员。这次明确规定在承包期内，每个家庭成员都是承包者，每个人都有平等权利，尤其要保障妇女的合法权益，这是同以往不一样的改革亮点。

第二，党的十九大明确提出，第二轮土地承包到期之后再延长30年不变。为什么又是30年呢？从时间来讲它和我国实现建成现代化强国的时间节点相契合。当我们建成现代化强国后，再来研究新的土地政策。只有到了那个时候，城乡关系、工农关系、人口布局以及农村还有多少人口继续从事农业才能稳定下来，所以到那时再来研究更为稳妥。现阶段就是要坚持以家庭承包经营为基础，充分结合双层经营体制，农村土地承包关系要继续保持稳定。

第三，党的十八大以后明确提出对农民的承包地实行"三权分置"。所有权是集体的，承包权是本集体农户的，这些都不能改变，但是对于经营权，承包农户可以自己经营也可以转让给别人，任何人不能干涉，这叫"三权分置"。20世纪80年代末，"三权分置"就已经在农民实践中出现，当时提出的是"明晰所有权、稳定承包权、放活经营权"。

集体土地所有权是先后经历了土地改革、农业合作化和人民公社化等运动以后确定下来的，到现在没有任何法律和文件要求对这项制度进行调整。农村土地承包权是本集体成员的家庭才能享有的权利。经营权与承包权之间的分离很早就开始了。1982年的中央一号文件中明确承包地不能出租，1984年的中央一号文件中又再次强调承包地不准出租。由于政策规定不允许把自己承包的土地租给别人，而放弃承包权又心有不甘，于是农民们便发明了一个词叫流转，流转就是"易手"的意思，但规避了"出租"这个概念，也没有反映出承包权是否改变，因此流转无法适应社会主义市场经济运行中需要明确其法律内涵的要求。"三权分置"政策的推出，就是要明确流转的法律内涵，明确流转的土地是涉及经营权、不涉及承包权。农民承包的土地是自己种还是出租给别人种，都要由农民自己决定，别人不能干涉。

《中华人民共和国农村土地承包法》（以下简称《农村土地承包法》）于 2019 年 1 月 1 日起实施，其中，最重要的内容是把"三权分置"写到法律里面。农民承包的土地，承包权是农民的，可以把经营权流转出来给别人用，农民也可以流转别的家庭的地来自己种。但是转入土地经营权的人可不可以把从别人家流转过来的土地再次流转给第三方？或者说农民可不可以拿流转别人土地的经营权到金融机构做融资担保？新修改的《农村土地承包法》明确是可以的，但有前提条件：如果要再次流转或者做融资担保，必须得到原土地承包农户的书面同意，并且还要到发包土地的集体组织备案，否则无效。

推进农村土地制度改革要完善"三权分置"制度。目前，对农村土地的确权、登记、颁证工作基本完成了，第二轮土地承包绝大多数地方都还没到期，2025 年前后是到期的高峰阶段。农业农村部正在试点，如何在第二轮承包期之后再延长 30 年不变，很重要的就是"三权分置"。"三权分置"是集体所有权不变，农户承包权不变，但允许经营权流转，所以叫"以不变应万变"。农民可以把承包的土地流转给别的家庭、公司企业来经营，也可以流转给大户、家庭农场、合作社，但集体所有权、农户承包权不变才能够"以不变应万变"。

2.非农建设用地制度改革

非农建设用地制度改革是从2015年开始，中央批准在33个县级行政地域实行"三块地"改革。第一块是国家征地制度改革。第二块是农村集体经营性建设用地入市。按照之前的《中华人民共和国土地管理法》（以下简称《土地管理法》），农村集体的建设用地只能农村集体自己使用，不能转让给别人使用。从现在开始农村集体经营性建设用地也可以给本集体以外的人使用。第三块是宅基地制度改革。从2015年到2019年年底，这"三块地"的改革历经五年。前两块地的改革，各地意见和中央判断都认为已经形成成果，可以修改现行法律，因此前两项改革在吸收了改革地区提供的经验之后便修改了法律。农村宅基地制度改革现在则还在继续试验当中。

关于征地制度改革成果主要有三点。

第一，明确了国家必须根据公共利益的需要才可以征地，不是公共利益需要不能征地。我们的法律中明确界定了哪些是公共利益的需要。

第二，规范了土地的征收程序。不是每级政府都有权征地。《土地管理法》中明确农地转为非农业用地各级政府的批准权，市、地两级政府无权审批。征地必须先走程序报批，首先要有公告让老百姓知道，最后要跟老百姓谈怎么补偿，都通过了才可以征地。

第三，明确了征地的补偿原则。原来的《土地管理法》对于征地的补偿原则是按土地的原用途补偿，即国家征了农民生产队的耕地，就按耕地的价值进行补偿。但把耕地转变为建设用地盖楼后，到市场上卖的价格就可以很高。从耕地到建设用地的转换，就是土地的不同用途决定了土地的价值高低。之前按土地的原用途补偿,也是有理论依据的。农地转为建设用地之后升值了,这是谁的功劳?这在西方经济学界早有争论,一些理论认为土地之所以升值,不是原来土地主的功劳,而是因为这块农地变为建设用地需要大量的基础设施投入,谁投入谁就有权享有收益。后来,孙中山将这个理论实践化,提出了"涨价归公"的主张,即因改变土地用途而增值的土地收益应当归全社会,而不能给地主,我国当时的按原用途补偿原则就是遵循的这个主张。现在农民的生活都已经商品化、货币化了,如果按照原用途给农民补偿,他的生活就可能维持不下去。所以在2019年修正的《土地管理法》中就明确了要按区片综合地价补偿,这里面隐含的是按土地现有用途给农民合理补偿,同时要对农民进行其他方面的综合性补偿,即不只要经济补偿,还要给他们安置住房、培训就业,解决加入当地居民的社会保障。从这个角度看,农村土地的征地制度改革是向前推进了一大步。

关于农村集体经营性建设用地入市,原来的《土地管理法》规定得非常清楚,农民要搞建设,包括办乡镇企业可以向有关部门申请,得到批准后,这块土地就可以由农民集体经济组织自己使用。因为农民是用自己集体的土地,不能给别的市场主体用,其他的土地使用者应该到国有土地市场去拍卖土地。20世纪90年代末,随着外资的进入、民营企业的崛起,以及国有企业的改革,大量的乡镇企业风光不再,于是大量的农村集体经营性建设用地开始闲置。针对这个情况,在2019年的《土地管理法》修订中明确,即便是农村集体的土地,如果被规划确定为工业和商业的建设性用地,这样的土地可以允许进入市场,农村集体可以到市场中拍卖土地使用权。

但也有一些新情况需要解决,如农村集体中有的建设用地还在使用中,则不能都卖掉。有的建设用地在20、30年前申请办乡镇企业是合规的,但按照现在的规划就不合法了。所以即便在制度上允许,但到底最后能有多少农村集体经营性建设用地入市还是要看实际情况。

关于宅基地制度改革,农村宅基地制度为什么要改呢?就是因为目前农村的宅基地制度已经难以为继。之前宅基地制度规定的是一户一宅,但没有讲清楚"户"是什么概念。比如一位农民80多岁,之前在生产队申请宅基地是因为他要结婚。如果他儿子要结婚了,他也是这个生产队的,也有权申请宅基地。再过几年轮到孙子结婚,孙子也有权申请。如此下去,子子孙孙、无穷匮也,都要由集体给宅基地,村里就没有地了。据有关调查数据,1949年土地改革时全国农户是1.05亿户。2020年,根据农业农村部门的数据,总共有2.78亿农户,也就是说,过去71年农户数量增加了1.73亿户。加上大量的建新不拆旧、子女继承父母的房子等,这样下去,村里再也没有多少土地可以给农户建房子,一户一宅的宅基地制度就维系不下去了。现实中很多地方已经二三十年没有分过宅基地,因为没有土地可分,而耕地又不许占,所以这个制度必须改,这是当初农村宅基地制度改革的本意。现在《土地管理法》明确,一户一宅这个制度仍然保留,还有条件实行一户一宅政策的,比如西北、东北地区有条件的地区可以继续这样做,但是很多没有地的地区,集体经济组织成员只要是一户人家，集体就要保证这户人家有住的地方，但可以不是宅基地，如集体可以建公寓，保证农户都有地方住，实现"户有所居"。

有些城镇居民以为宅基地制度改革后就可以到农村买块地盖上宅子，节假日或退休以后过去住，享受田园生活。对于城镇居民能不能拥有农村的宅基地，必须了解两点。

其一，宅基地制度的渊源。我国颁布了《土地改革法》之后，在农村实行土改，土改后农民住的房子、宅基地肯定都是自己的，通过土改分给农民的土地也是农民自己的，那时候叫废除地主的土地所有制，建立农民的土地所有制。1955年、1956年，推行高级合作社的时候农民入社，把自己的土地交给了集体，但自家的宅基地和坟地等不用交给集体，只交了耕地。有的人自己有房子，耕地交了还住老房子，有的人则把所有土地都交给集体，到了结婚时就没有地盖房子了，所以集体就得按照1956年颁布的《高级农业生产合作社示范章程》的规定，农民要盖房没有地的时候合作组织必须解决土地问题。为什么农民集体经济组织成员可以在本集体申请宅基地？是因为集体的这些土地在20世纪50年代初期时都是当地村民的，所以现在给符合建房条件的村民使用是天经地义的事情。但是这个村的人到别的村子申请土地，人家自然是不会给的，因此农民只能在本村集体内部申请。以此类推，城镇居民没给集体交过地，也就没有理由到集体拿地了。

其二，农村的宅基地是本集体经济组织为了保障本集体成员基本居住权而提供的保障性建设用地。宅基地具有保障性，本集体经济组织成员的申请被批准之后，宅基地是无偿取得并可以长久使用的，没有对农民收取费用。城镇居民都很清楚，城镇的保障性住房如果要上市会有很多附加条件的限制，不然申请到保障性住房再当商品房卖掉对其他人不公平。在城镇化过程中，很多农民进了城，但农村的房子闲置在那里，能不能让农村大量闲置房屋得到更好的利用，这是要考虑的。但并不是只有拿到宅基地使用权才能使用，也可以进行房屋租赁，城镇居民可以把农民闲置的房屋租来自己住，也可以开农家乐、民宿，这样也有相关法律来保障租赁者的权利。宅基地的使用权是只能属于集体农户的，但是这户人家盖的房子可以自己住也可以租给别人住。这跟耕地的"三权分置"有一些相似，但并不完全一样。

在2020年年底的中央农村工作会议上，习近平总书记有段话说得很深刻。总书记提到，应对各种风险挑战，必须既要稳住农业，也要稳住农村。他提到，经济一有波动，首当其冲受影响的是农民工。2008年全球金融危机爆发，2 000多万农民工返乡；2020年受新冠肺炎疫情冲击和国际经济下行的影响，一度有近3 000万农民工留乡返乡。在这种情况下，社会大局能够保持稳定，关键在于农民在农村有土地、有住房，回去有地种、有饭吃、有事干，即使不回去心里也踏实。全面建设社会主义现代化国家是一个长期过程，农民没有在城里彻底扎根之前，不要急着断了他们在农村的后路，让农民在城乡间可进可退，这就是中国城镇化的特色，也是我们应对风险挑战的回旋余地和特殊优势。

（二）农业经营体制改革

农业的经营体制改革，最重要的是贯彻落实好"三权分置"，发展新型经营形式。越来越多的农民进城务工、经商，在家种地的人越来越少，把没人种的土地流转集中，发展适度的规模经营。按照农业农村部的统计，我国农村集体所有的 17.6 亿亩耕地中，大概有 5.5 亿亩土地的经营权在流转。在 2.2 亿承包集体土地的承包户中，有 7 000 多万承包户或多或少地流转了土地，所以这个流转的态势正在逐步发展。但是也不可能"一口吃成个胖子"，不可能所有农民都那么快地退出土地经营，发展规模经营。

按照农业农村部的最新统计，在全部农业经营主体里面，经营土地在 10 亩以下的主体占 85.2%，经营土地在 10～30 亩的占 10.7%，这两个合计 95.9%。30～50 亩的占 2.5%，50～100 亩的占 1.0%，100～200 亩占 0.4%，200 亩以上占 0.2%。可以看出，土地经营权的流转看起来是动地，实际是动人。农民不依靠这块土地谋生了，纷纷进城，土地自然就流转起来了。从这个意义上看，由于农业人口的城镇化进程并不是很快，所以土地有流转，但是流转的速度有限。

土地流转问题是一个政策性很强的问题，不能单纯求快求大，要从实际出发，一步一步来。因此，我们发展现代农业不能单纯靠土地流转。一方面，要继续鼓励实行耕地流转集中实现规模经营；另一方面，农民还可以通过土地托管、代耕，购买社会化服务来实现规模经营。土地流转集中是耕地的规模集中，购买现代化服务是现代农业技术装备作业的规模经营，也可以提高生产效率、降低成本。从农业经营角度讲，要从实际出发，适合土地流转就实行土地流转，适合社会化服务就实行社会化服务，这样才能逐步加快小农户迈向现代农业的步伐。当前，我国农业经营的基本面还是小农户，要研究如何让小农户与现代农业相衔接，而不是急于消灭小农户。这是在农业经营体制改革创新中必须把握好的问题。

（三）农村集体产权制度改革

农村集体组织到底有多少资产，经营得怎么样，收益如何分配，如何做到对农民公开、透明、公平，农村的集体产权制度改革要把这四个问题讲清楚。还有一个很重要的问题，农村集体经济组织到底有多少成员？只有把农村集体资产的总量搞清楚，集体经济组织的成员数量搞清楚，才能把收益量化到每个人。

在农村集体产权制度改革中，有两个关键问题要把握清楚。

一是通过农村股份合作制改革把集体资产的收益量化到个人、量化到户，农村的股份合作制和公司的股份制内涵是不一样的。因为农村集体经济组织的资产不能分割到个人，否则这个农村集体就散了。量化到个人的"股"，是农民在集体资产收益中能有多大的分配份额，而不是把集体资产分割到个人。也就是说，这里的股是指在集体资产收益做了必要扣除之后再量化到个人或家庭的份额。

二是要明确农村集体经济组织的性质。现在有些地方在改革过程中出现了一些认识偏差，普遍认为通过股份合作制改革，农村集体经济组织就变成了公司、企业。农村集体经济组织是中国特有的特殊组织形态。有人提出，农村集体经济组织是不是就是西方社会中讲的共同共有的共有制，要把它从"共同共有"改造成"按份共有"，这个解释是错误的。从法律上看，法律允许共有制经济组织在一定情况下将资产分割到个人，也可以转让，所以共有制经济本质是私有经济，可以将资产分割到个人。农村集体经济组织显然不是共有制经济，过去不是共同共有，将来也不是按份共有，而是农民集体所有，收益由成员公平分配。

能否把农村集体经济组织当作公司、企业来看？我国有《企业法》对公司、企业在设立、组织形式、管理和运行过程中发生的经济关系有相关法律规范。集体经济组织有自己的特点和规律，财产属于全体成员所有，每个成员在集体经济组织中的权利是平等的。每个人对财产的收益要根据各自的贡献分配。所以农村集体经济组织的存在、发生、发展跟公司企业完全不一样，法律背景也是不同的。最重要的一条，企业破产、兼并是经常发生的事情，企业破产兼并之后对职工当然会有不利影响，但对职工的家庭，比如说住房等个人财产不会有影响。但农民不同，农民的集体经济组织就是农民的家园，家园没有了，农民怎么办？所以说农村集体经济组织不允许少数人控股，也不允许破产。

在这个条件下，农村集体经济产权制度改革面临着很多复杂挑战，世界上也没有先例。要巩固农村集体经济组织，发挥它的活力，产生更多收益，能够更好地造福本村的农民，这是我们面临的很大挑战。我们不能走偏路，不能把它理解为集体的资产要分了，不能把它改成共有制经济，也不能改成公司、企业。农村集体经济组织虽然不是公司、企业，但可以依法设立公司、企业，就像国资委自己不能去投生产经营活动,但是国资委可以代表国家出资办各类企业。但这些企业必须按照《公司法》等相关法律的规定设立和运行,需要独立承担社会风险和责任,同时享受收益。集体经济组织与公司、企业不同,它是农民的家园。农村集体经济组织的资产,尤其是土地等资源性资产只能属于集体的农民,不能属于别人。

(四)村民自治制度改革

村民自治制度改革重在加强党的领导,从而形成一套制度。一些地方农民参与自治的积极性不高,我们调查主要有两个原因。

一是产权与治权错位。因为农村集体土地所有权从建立高级社以来到现在,实行的都是"三级所有、队为基础",只十多年没有任何法律和政策要求调整农村土地。人民公社时候的三级所有,过去叫公社大队小队,"队为基础"的队是小队,也就是现在的村民小组。在南方绝大多数土地属于小队所有,北方是大平原,有些地方属于大队所有,但多数也是小队所有。从土地所有权来讲,绝大多数都是在村民小组一级。但是村民委员会是个自治组织,村民委员会本身没有地,宅基地是按过去生产大队的范围来设立的。而过去大队就是一个管理架构,多数都没有自己的土地和资产,于是矛盾就来了,产权和治权不一致。现在村民委员会总共有 50 多万个,大多数村民委员会并不是一个实体村,而是几个村民小组归这个村民委员会领导。土地所有权仍然归村民小组,但事情的决策由没有土地所有权的村民委员会来做出,于是就经常会产生产权和治权的矛盾。农民会说我的财产凭什么我说了不算,要你管?这是一个值得探索的问题，村民自治到底落在哪个层次好，这是要讨论的。如果将每个村民小组都编成村民委员会，组织费用太高、成本太大，但村民委员会没有土地和资产所有权，却又可以去管人家的土地和资产，也会出现问题。如何把这个关系捋顺是要认真研究的。

二是有些村民委员会往往更看重完成上级交办的任务，而不研究本村委会的老百姓最关心、跟他利益最直接的事情。村委会开会时讲的往往是国家大事、县里的大事、乡的大事，而老百姓更关心的是村里这条路坏了怎么筹钱修一修，这条河太脏怎么能义务劳动把它清理干净。所以要想真正搞好村民自治，让农民有热情参与，就要让村民委员会研究的事情与村民有更紧密的切身利益关系，能让村民从中得到更多的获得感、幸福感和安全感。

三、重塑城乡工农关系，加快化解发展不平衡、不充分的矛盾

第一，关于农村经济社会发展问题。推进农业农村现代化根本在于农业发展，其他都可以从农业产业链上延长。最重要的是在农村经济社会发展中，国家的粮食安全和重要农产品供给安全，要时时刻刻不能忘。我国农业农村政策体系的很多问题和农民生产收入之间的矛盾有很大关系。如有的贫困村过去土地里都是种苞米，一亩地的收益不到 200 元，现在不种苞米，而种猕猴桃，农民收入变高了。又如这块地之前是种粮食的，现在把它改造变成玫瑰园，吸引了很多人参观，农民收入变高了。但如果大家都顺着这条路走，

不再种粮，改种猕猴桃、种玫瑰花，最后国家的粮食安全会出大问题的。

2020年，我国进口粮食相当于国内粮食总产量的20.8%，占到1/5以上，进口食用植物油983万吨。进口大豆就是为了榨油，大豆出油率为17%～18%，进口1亿吨大豆能榨出近2 000万吨油，此外，我国还要进口近1 000万吨的油脂。我国糖消费增长很快，一年消费食糖1 500万～1 600万吨，2020年，我国食糖进口为527万吨。2020年，我国进口的肉是991万吨。全世界一年出口的猪肉有800万吨，我国400万吨猪肉进口，相当于国内猪肉消费量的10%。我国牛肉进口200多万吨，相当于国内消费量的30%。我国进口各种乳制品，如果把进口的奶粉折成液态奶，大概1斤奶粉可以折换成8斤液态奶。按照这个标准计算，我国每年进口的奶有1 250万吨左右，相当于国内产量的1/3。

如果把这些进口农产品折算成种植业所生产的初级产品，我国去年进口的农产品相当于占用10亿亩作物播种面积。我国一共有18亿亩的耕地，很多地方可以种一季、两季，所以18亿亩的耕地播种面积有25亿亩左右。如果我们能过上这样的消费生活，我们需要有35亿亩的播种面积才够。也就是说，现在的生活水平需要有10亿亩播种面积靠进口。从资源条件方面看，我们自给率是70%，剩余的30%供给要依靠进口。在经济全球化条件下，依赖进口有利有弊，我们一定要做好应对进口短缺的不稳定性和不确定性的准备。所以无论如何乡村振兴首先不能削弱粮食安全基础，不能影响我国的食物供给。

第二，农村除了发展农产品以外，还要努力延长农业的产业链，提升价值链，促进农业融合发展。比如在陕西调研时，农民讲道，养羊是发展第一产业，杀羊是第二产业，卖羊汤是第三产业，所以一只羊就可以实现一、二、三产业融合。虽然这是开玩笑的话，但细想一下也有一定道理。每年春季农村的桃花是红的，油菜花是黄的，麦苗是青的，即使是普通的农业生产，也可以把旅游体验结合起来，这样就多出一个产业。如果把村庄的闲置宅基地和房屋整理好，把它们变成农家乐或民宿又能发展很多新的项目。

我国现在进入新的发展阶段之后，城镇居民对于农业农村的需求不仅简单停留在吃饱上，还对农业农村提出了很多新要求。他们希望到农村的大自然来体验理解农业，到农村来了解传统文化，这就给延长农业产业链、提升农业价值链，创造了非常好的条件和机会。

第三，推进城乡基本公共服务均等化。党的十九大报告提到，我国面临的突出矛盾是发展的不平衡和不充分。最大的不平衡、不充分体现在农村，农村发展的迟缓，基础设施、基本公共服务和基本社会保障没有办法和城市相比。在现阶段，要想办法把农村的基础设施、基本公共服务和基本社会保障这个短板补齐，慢慢提升上去。农民的福祉不断提高，他们的获得感、幸福感、安全感增强，对整个社会来说不均衡的状态也就会逐步消化掉，这就能使城乡关系形成一种新的结构和新的基础。

关于形成新型城乡关系，逐步化解发展不平衡、不充分矛盾，有两个突出的问题：一是要加快推进农业人口的转移或者农业转移人口的市民化；二是要看清主要矛盾，如何推进农村人口市民化进程。

我国的人口布局大体上形成了三个"四六开"。第一个"四六开"，目前城乡人口大的比例是"四六开"。国家统计局公布的2020年年底人口普查结果，全国总人口是14.117 8亿人。人口分布大致是"四六开"，常住在农村的人口占40%左右，常住在城镇的人口占60%左右。第二个"四六开"是在常住在城镇的人口中，40%居住在县城（包括县级市的城区）和小城镇中，60%居住在大中城市中。第三个"四六开"是我国目前有农业户籍人口7.8亿人，其中的40%的人口生活在市域中，60%的人口生活在乡村中。

最近几年农民城镇化的速度是在减缓的。第一，2020年底，据统计农民工数量在下降，尤其是到外省的农民工数量在下降，本地也略有下降。第二，农民去了哪里？根据某省调查总队对进城的1 000个农民工的问卷调查，有意愿转为城镇户口的只有1/4，也就是说农民的市民化意愿在下降。多数农民工将来还打算回乡村。虽然国家采取很多政策在推进农民市民化的过程，但还是有很多问题，比如农民进城的四大基本问题：第一个是就业问题。现在就业是市场化的，劳动力的供给方和需求方对劳动力质量要求差距越来越大，农民进入企业后需要培训才可以上岗，培训问题需要政策来解决。第二个是住房问题。农民进城以后真正买得起商品房的人凤毛麟角，政府很少会给进城农民工提供保障性住房，所以绝大部分农民工都住在出租房里面。这就涉及落户问题。政策说租房和买房具有同等待遇，只要交够一定的社保金，租房也可以落户。但租来的房子落户需要房东同意，并且没有几个房东愿意把房子给农民落户。那么这个户口落到哪里呢？于是各地就创新了办法，把户口落到社区、落到派出所。但这能不能解决进城农民迫切要求解决的第三个问题——社会保障，第四个问题——子女上学呢？因此，农业人口城镇化显然还面临不少矛盾和问题。

市民化要积极推进，但必须清醒知道还需要哪些条件。各国的城镇化发展大概有两种途径。第一种是先让基本公共服务、社会保障城乡均等化，农民进来就没有门槛。比如日本规定义务教育阶段的孩子上学，如果是由于家庭迁移地址，当地教育部门必须保证孩子在当地落户后三天之内让他到校上课，否则就违法。第二种是贫民窟化。一些欠发展国家由于城乡差距很大，虽然不禁止农民进城，但农民进城之后得不到城里人能得到的公共服务和社会保障，于是只能集中到贫民窟，拉丁美洲、印度就是这样的格局。从这个角度讲，我国现在还处于发展不平衡、不充分的阶段，需要更好更快的发展，才能消除不平衡。随着经济发展，还需做到无论在城市还是农村，政府提供的基本公共服务和社会保障都一样，这时农民才能自由选择留乡还是进城。

关于县域经济和小城镇问题。在2021年的中央农村工作会议指出，要把县域作为城乡融合发展的重要切入点，推进空间布局、产业发展、基础设施等县域统筹，把城乡关系摆布好，处理好，一体设计、一体推进。要强化基础设施和公共事业县乡村统筹，加快形成县乡村功能衔接互补的建管格局，这对我们以后的发展格局提出了重大命题。这个重大命题就是前面提到的三个"四六开"，其中第三个"四六开"实际就是市域人口和县域人口。迄今为止县域人口占总人口的 60%，所以把县域作为基本单元来推进城乡统筹意义重大。

中国地域广阔，社会发展差距很大，同时人口众多，单靠大城市解决不了我国的全部问题。这次提出以县域为基本单元或者重要切入口来推进城乡融合发展，这对我国今后二三十年整个经济社会发展布局有非常重大的意义。某种程度上讲，我国在推行市场经济过程中，行政体制管理能力很强，城市行政级别越高，虹吸能力越强，会吸走周围中小城市的资源和人才。要想真正以县域为单元推进城乡融合发展，就要在产业布局上考虑让产业适当地内移、下沉。现在大量的产业都布局在沿海大城市，而内地怎么发展？大量产业布局在大中城市，特别是特大城市，那中小城市、小城镇怎么发展？因此要区分不同类型，把一些适合在县域发展的产业下沉到县里面。

中国著名地理学家胡焕庸 1935 年曾经在地图上画了一条线，从黑龙江的黑河画到云南腾冲。当时大概 96% 的人口在这条线的右下方，这条线的左上方只有 4% 的人口，而全国的国土面积只有 36% 是在这条线的右下方，这是 20 世纪 30 年代的基本格局。现在我国一直在提中部要崛起、西部要开发，非常重要的就是如何有效利用整个国土空间，这不仅仅是人口资源的摆布问题，实际上也关系到整个国家的安全问题。从这个角度看，人口如此众多的国家仅仅靠大中城市远远不够，县城外面是乡村，县城和乡村裹在一起，所以应该整体设计、整体发展，加强对县域经济和小城镇发展的研究。

我们现在面临的现代化进程，不仅产业要升级，要高质量发展，更重要的是要优化人口、资源、产业的空间布局，让它能够带动 960 万平方千米上居住着的所有人的发展，才能为中华民族实现伟大复兴做出应有的贡献。

中国经济 50 人论坛丛书
Chinese Economists 50 Forum

第五章　准确把握"十四五"规划的几个重大问题[1]

谢伏瞻[2]

---

[1] 本文根据 2021 年 5 月 13 日长安讲坛第 378 期内容整理而成。
[2] 谢伏瞻，论坛成员，中国社会科学院院长。

2020年,党的十九届五中全会召开,对"十四五"时期的发展提出了重要建议,2021年全国"两会"通过了"十四五"规划纲要。这是我国进入新发展阶段后的第一个五年计划,对于实现新时代"两步走"发展战略,到2035年基本实现社会主义现代化,到2050年实现第二个百年奋斗目标具有重大意义。

我主要讲三个方面的内容:一是"十四五"时期中国经济社会发展的国内外环境和条件;二是"十四五"时期中国经济的新发展格局;三是关于发展战略的几个重大问题。

一、"十四五"时期面临的国内外环境和条件

首先,讲一下"十四五"时期面临的国内外环境。习近平总书记多次讲到当今世界正经历百年未有之大变局,这是具有深刻内涵

的。从国际方面来看，主要表现就是"东升西降"，特别是中国的崛起。目前来看，国际环境有以下五个突出特点。

第一个特点是经济全球化遭遇逆流，国际贸易和国际投资下降。20世纪80年代初，英国在撒切尔夫人执政时期实行新自由主义经济政策，即所谓的"撒切尔革命"；接着美国在里根政府执政时期推行供给经济学，从那个时候开始，新自由主义经济学在西方成为主流。在这之后发生了几件大事：一是苏联解体、东欧剧变；二是"9·11"恐怖袭击事件之后，美国的战略重点转向反恐；三是2001年，中国加入WTO；四是21世纪初发生的互联网产业革命。这些事件在很大程度上推动了经济全球化快速发展。在这种情况下，世界经济格局也在发生变化。随着中国加入国际贸易体系，不断融入世界经济，中国的劳动力同日本、中东一些国家的资本，加上美国的市场和技术，形成一个环流，使全球经济在这一时期实现较快发展。但由于资本流动和技术流动快于人才流动，所以资本在全球配置的同时，欧美国家出现产业空心化，美国中产白人失业率增加、收入停滞，国家之间出现南北分化，人群之间收入分配趋于恶化，这导致了在政治上民粹主义兴起，在经济上则是逆全球化抬头，全球化遭遇逆流。

2007年，美国出现次贷危机，2008年9月，雷曼兄弟公司宣布破产，引发全球金融危机，由此形成了全球化的转折点。有人说，2008年中国举办了一场美轮美奂、盛况无比的奥运会，美国则遭遇了全球金融危机。正是从那个时候起，整个国际力量对比发生了变化。经济逆全球化一个突出的表现就是国际贸易和国际投资出现下降趋势。从图 5.1 和图 5.2 可以看出，1998—2008 年全球出口额的年均增长率是 10.4%，2009—2020 年的年均增长率仅为 1.5%。从全球外商直接投资来看，1997—2007 年的年均增长率为 20.1%，2008—2020 年的年均增长率是 –3.8%，2020 年下降到 –42.3%。

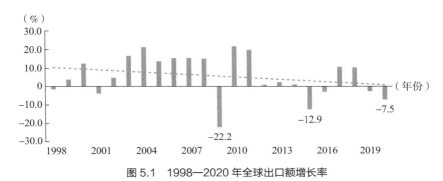

图 5.1　1998—2020 年全球出口额增长率

资料来源：联合国商品贸易统计数据库（UNCTAD）。

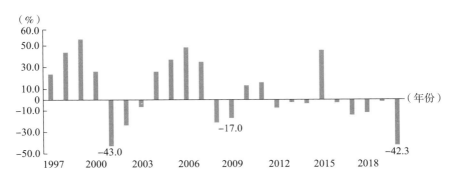

注：2020 年数据为估计值。

图 5.2　1997—2020 年全球吸引外商直接投资额增长率

资料来源：UNCTAD。

第二个特点是新一轮科技革命和产业变革正在重塑经济增长新动能。大国在战略性新兴产业领域的竞争加剧，全球经济竞争的焦点集中体现在科技制高点的竞争上，包括信息技术、生物技术的发展等。新一轮科技革命推动了产业变革，促进了平台经济的兴起与数字经济的蓬勃发展等。可以说，以信息技术为核心的科技革命，对全球经济发展的影响十分深远。在人工智能、第五代移动通信技术（5G）和物联网等领域，包括中国在内的发展中国家都在大踏步赶上，但是以欧洲大部分国家为代表的老牌西方发达国家由于对这个领域重视不够，整体上在信息技术、数字经济发展上滞后于大趋势，现阶段主要是中国和美国在该领域的引领作用不断增强。

第三个特点是由于新冠肺炎疫情影响深远，世界经济呈现"三低两高"的局面。这也是对"十四五"规划影响比较大的全球性问题。这场疫情对客流、物流产生了阻碍，包括产业链、供应链的中断，所有接触性行业面临停产停业，各国经济都遭受前所未有的冲击。2020年全球经济萎缩3.3%，较2019年下降6个百分点；在二十国集团（G20）国家中，只有中国和土耳其的经济实现了正增长。很多专家认为，新冠肺炎疫情正在深刻改变着整个世界，也正在改变着人类的生产方式和生活方式。受疫情冲击，各个国家基本上都采取了规模空前的刺激政策，特别典型的如美国，在2020年推出了五轮总额达到3.8万亿美元的财政刺激政策；拜登上台后又推出了第六轮救助法案，达到1.9万亿美元的规模。中国社科院有专家认为，疫情冲击下全球经济呈现"三低两高"的局面，"三低"是指低增长、低利率、低通胀（但近期通胀有抬头的趋势），这属于趋势性变化还是短期变化，现在还很难讲清楚；"两高"主要指高政府债务和高收入分配失衡，这是新冠肺炎疫情所带来的影响。

长期来看，疫情对全球经济发展带来了挑战，但也蕴藏着一些机遇。挑战主要是两个方面：一方面，主要经济体实施大规模宽松政策，造成债务水平大幅度攀升，以及超低利率的负面效应凸显，未来各国宏观经济政策的协调以及本国经济政策的空间缩小。如果疫情得不到有效控制，或者新冠肺炎病毒变异影响疫苗接种效果，下一步的经济复苏将会难以预料。另一方面，疫情带来脱钩风险，且新冠肺炎疫情加剧了这种趋势。越来越多的国家实行"内顾"政策，产业链、供应链出现了本土化、区域化趋势。当前中国在科技领域或者部分产业领域的脱钩主要体现在以下两方面：一方面，为了防止脱钩带来的冲击，我国必须有所应对；另一方面，应当培育形成自己的产业链、供应链的时候，就会使脱钩成为现实。本来希望避免脱钩，却造成了事实上的脱钩，我称之为"脱钩悖论"。这对下一步的宏观政策而言，既是机遇也是挑战，但主要是挑战。从机遇上来讲，新冠肺炎疫情让大家突然感觉到，虽然人员流动受到一定的限制，但是线上会议比过去更方便了，数字经济等很多过去想不到的领域得到一定程度的发展，比如线上教育培训发展的速度相比过去快得多。

第四个特点是全球经济东升西降，大国力量对比深刻调整。大国力量对比变化主要表现在两个方面。一是主要发达经济体和新兴经济体之间经济总量的相对变化。总体来讲，新兴经济体占世界经济总量的比重明显提高，发达经济体所占比重在相应降低，无论是按照市场汇率还是按照购买力平价（PPP），这种趋势都比较明显。按市场汇率计算，2020年新兴经济体经济总量占比达到40.2%，根据 IMF 预计，到 2025 年这一占比将达到 42.9%；按购买力平价计算，到 2025 年预计达到 60.2%。二是中美经济实力差距在缩小，2020 年底按照现价美元计算的中国 GDP 占美国 GDP 的比重超过 70%，由于中美两国经济总量日益接近，在美国的平民和精英阶层中，对中国的警惕明显增加，由此也增强了竞争、遏制，双方合作则在不断削弱。在"十四五"时期甚至更长时间内，随着中美经济差距不断缩小，这种情况还会加剧，而这也是我国所面临的大背景。

第五个特点是全球治理体系变革势在必行。特朗普上台之后，实行单边主义、保护主义等政策，使现存的国际治理体系效能减弱。多边机制在某种程度上也不能适应新形势需要，很多国际组织的作用没有得到有效发挥。比如，由于 WTO 的仲裁机构法官人数不够，很多本来应该通过国际组织裁定的事情，最后都无法解决，所以全球治理体系变革势在必行。从治理对象来看，传统领域需要改革和完善，在贸易、投资、货币和金融等传统领域，新技术的应用为数字贸易、数字货币和科技金融的监管和治理体系等方面带来了一系列新的议题；而新兴领域需要填补空白，比如太空、深海、极地和气候等领域的治理规则。

上文探讨了国际环境，下面再分析一下我国目前面临的有利条件和风险挑战。首先从有利条件来看，主要有以下六个方面。

第一，我国的经济实力、科技实力和综合国力明显增强，具备了较为雄厚的物质基础。2020 年，中国的 GDP 已经超过 100 万亿元，折合约 14 万亿美元，人均 GDP 连续两年超过 1 万美元大关。

如图 5.3 所示，我国 GDP 占世界总量的比重，从 1978 年的 1.7% 提高到 2019 年的 17%，经济总量和经济实力都在明显提升。我国的一些基础设施，比如高速铁路的运营里程已经达到 3.5 万多千米，高速铁路发展水平在全球首屈一指。高速公路的通车里程大约有 15 万千米，大家出行比过去方便了许多。现在是"城货下乡、山货进城、电商入村、快递入户"。总体而言，"十四五"时期我国发展基础不断夯实。

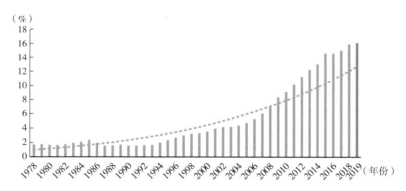

图 5.3　1978—2019 年中国占全世界 GDP 总量比重

资料来源：根据世界银行数据计算。

第二，我国具有完备的产业体系。无论是从三次产业结构看，还是从整个工业体系看，我国整体水平都比较高。以三次产业结构为例，第一产业降到了 10% 以下，只有 7.7%，第二产业是 37.8%，第三产业提高到了 54.5%。此外，我国还是全球唯一拥有联合国产业分类当中全部工业门类的国家，其中涵盖 41 个工业大类、207 个工业中类和 666 个工业小类。在这次抗击新冠肺炎疫情的过程中，中国的产业链、供应链优势得到了较为充分的彰显。

第三，我国具备超大规模的市场优势。现在可以说，中国正在成为总量意义上的全球第一消费大国。我国在不少门类或者产品的消费上都是全球第一大市场，比如汽车、酒类和奢侈品。我国的手机销量占全球的40%，电动汽车销量占全球市场的64%，半导体销量占全球市场的46%，光伏面板销量占全球市场的50%，高铁及数字支付系统本土市场占有率超过90%。此外，我国在很多新兴产业，比如数字经济产业、平台经济产业等方面具有超大规模的市场优势，这也是一些小市场、小国家和小经济体所不具备的优势。

第四，我国日益提升的创新能力。从研发投入方面来讲，自2013年起我国就成为世界第二大投入国，2020年我国研发支出占GDP比重为2.4%，与欧盟平均水平大体相当。研发人员总量稳居世界第一位，专利申请和授权数连续9年居世界第一。根据世界知识产权组织（WIPO）2019年公布的数据，中国创新指数居世界第14位，是唯一进入前20名的中等收入经济体。另外，载人航天、探月工程、深海工程、超级计算和量子信息等领域，从过去属于跟跑到现在有的领域已经进入领跑行列。还有航空航天、人工智能、5G和移动支付，我国在这些领域均居于全球领先地位，为经济发展注入了新动能。

第五，自党的十八大以来推进全面深化改革，使我国的社会主义体制不断完善，法治不断健全完备。我国通过逐步全面深化改革、全面依法治国、全面从严治党，构筑了有别于其他国家的政治优势。

第六，我国国际竞争力不断提高。中国是全球第一贸易大国，

2020年全年货物进出口达到32.2万亿元。新冠肺炎疫情期间，在国际市场上中国出口的份额不仅没有下降反而在提升，在很多领域都有新的进步。中国社科院有专家就2020年新冠肺炎疫情以来的产业链变化和不同市场占有率进行了详尽分析，得出了我国不少领域的产业竞争力都在提高的结论。

以上是"十四五"时期我国发展的有利条件。当然，我国也面临着一些困难和挑战。

第一，中美关系变化及其引起国际环境变化。这是在"十四五"时期，我国需要处理好的最重要的国际关系，可能也是我国当前阶段面临的最大挑战。从特朗普上台开始，美国就发起对华战略的调整。就目前来看，拜登政府部分继承了特朗普政府的政策，在一些领域还有新的发展。比如与特朗普时期不同，拜登政府不断拉拢日本、澳大利亚等"五眼联盟"国家，拉拢欧洲所谓的"民主"国家，并以意识形态和社会制度划分界限，这一点拜登明显不同于特朗普，但总体而言，对华策略依然延续了原有路线。在今后一段时期，在国际关系问题的处理上，我国面临的挑战比以往任何时候都严峻。

第二，应对人口老龄化与经济增长关系。准确地讲，是少子老龄化问题，这需要妥善处理。我国现在不仅是老龄化程度在加速，同时出生率也在下降，这对我国下一步的经济增长有明显的制约。中国社科院研究人员长期跟踪研究这一问题，深入分析了人口变化、人口总量和结构变化对经济增长的影响，特别是对潜在增长率的影响。总体而言，老龄化对经济潜在增长率的提升有负面影响，如果我们不深化改革、不从制度方面挖掘新潜力，经济的潜在增长率还会进一步下降。

第三，经济潜在增长率下降将对国家安全包括粮食安全、能源安全、金融安全等带来深刻影响。过去经济高速增长时期，很多风险都可以在高增长的情况下消化，也就是以时间换空间。但是如果经济增速下降，而且是持续下降，很多在过去能解决的问题就会凸显出来，比如高债务、高杠杆率等问题。

第四，缩小收入差距与保持经济增长的权衡，也就是效率与公平的关系。实现共同富裕，需要调整分配领域的一些政策，无论是初次分配还是再分配都需要进行调整，这是需要处理好的一对重要关系。

第五，经济发展与资源环境的关系。二氧化碳排放力争2030年前达到峰值，力争2060年前实现碳中和的"双碳"目标，我国减排压力很大。如果我国不改变过去的发展模式，就很难实现减排目标，因此如何把绿色发展真正变成经济发展的新动力，而不是变成一个包袱就显得至关重要。

总之，"十四五"时期我国仍然处于重要的战略机遇期，但是机遇和挑战的内涵都有了新变化。必须统筹中华民族伟大复兴战略全局和世界百年未有之大变局，深刻认识我国社会主要矛盾变化带来的新特征、新要求，深刻认识错综复杂的国际环境带来的新矛盾、新挑战，增强机遇意识和风险意识，立足社会主义初级阶段基本国情，保持战略定力，办好自己的事，认识和把握发展规律，发扬斗争精神，树立底线思维，准确识变、科学应变、主动求变，善于在危机中育先机，于变局中开新局，抓住机遇、应对挑战、趋利避害、奋勇前进。

二、"十四五"时期的新发展格局

在这一部分内容中,将着重探讨"三新一高"当中"三新"之间的关系,也就是立足新发展阶段,贯彻新发展理念,构建新发展格局。

(一)新发展阶段是指全面建成小康社会实现第一个百年奋斗目标之后,全面建设社会主义现代化国家向第二个百年奋斗目标进军的发展阶段

新发展阶段是我国社会主义初级阶段中的一个阶段,也是经过几十年积累、站到了新起点上的一个阶段。对此,我们需要深入理解。

进入新发展阶段,我国确定的目标是两阶段目标。第一阶段的目标是,到2035年要基本实现社会主义现代化,这就比党的十八大提出的目标提前了,原来我国要在2050年基本实现社会主义现代化,现在将这个目标提前到了2035年。第二阶段的目标是:从2035年到21世纪中叶,在基本实现现代化的基础上再奋斗15年,把我国建设成富强、民主、文明、和谐、美丽的社会主义现代化强国。按照现在的要求,大体上到2035年,实现人均GDP翻一番;到2050年要达到中等发达国家的水平。中国社科院几个课题组的研究表明,我国有望到2023年进入高收入国家行列,人均GDP为12 535美元,按照2019年的不变价计算,目前看应该是有把握的。现在不少专家

预测，到 2030 年我国的 GDP 总量有望会超过美国。

这两个阶段目标都与现代化有关。在"十四五"规划中，习近平总书记明确提到建设社会主义现代化，我国和西方国家是不一样的。从世界范围来讲，葡萄牙、西班牙、荷兰这些国家先后在世界上崛起成为头号发达国家，但不久之后都降为二流国家。18 世纪工业革命以后，英国和美国先后成为世界头号大国，它们走上现代化道路基本靠殖民掠夺，但社会主义国家的现代化不可能走西方国家的老路。我国所实现的社会主义现代化是人口巨大的现代化（第七次全国人口普查结果是 14.1 亿人），是全体人民共同富裕的现代化，是物质文明和精神文明相协调的现代化，是人与自然和谐共生的现代化，是走和平发展道路的现代化。按照这样的要求，实现现代化就必须立足新发展阶段、贯彻新发展理念、构建新发展格局、走高质量的发展之路。

（二）从现在起到"十四五"期末或更长时间内，中国仍然要把发展作为解决一切问题的基础和关键

首先，从发展水平来看，我国仍然是世界上最大的发展中国家。虽然国际上有一些国家或国际组织不认同这一说法，但是按照联合国开发计划署发布的人类发展指数，中国从 1990 年的 0.502 提高到 2020 年的 0.761，在 189 个成员当中排名第 85 位，从人均水平来看和发达国家还存在比较大的差距。到目前为止，一些国际组织，包括 IMF、WTO、联合国贸易和发展会议（UNCTAD）、国际标准化组织（ISO）等还是将我国列为发展中国家或者新兴市场国家，这

个提法依然没有变,但内涵发生了变化。

其次,我国的产业链处在全球产业链中端,很多地方都没有达到高端水平,还是发展中国家的水平。从发展目标看,我国要继续把发展作为第一要务,但这个发展必须立足新发展阶段,贯彻新发展理念,构建新发展格局,高质量地发展。从发展环境看,国际环境和国内环境都非常复杂,充满不确定性和不稳定性,这就要求我们必须立足发展,绝不能有任何动摇。以经济建设为中心,社会主义初级阶段要管几代人、十几代人甚至几十代人的说法随着我们的观念和发展的变化会有所调整,但总体而言我国现在还是要聚焦发展。我们要清醒地认识到,传统的发展模式不能继续,比如过去主要是采取出口导向和投资拉动,现在国际市场发生变化,延续过去那样大进大出的国际循环会有困难;投资空间也在缩小,靠投资拉动的增长模式,无论是环境还是资源都不能持续支撑,所以必须走高质量发展之路。从人口总量、结构变化和潜在增长率变化看,我国都不可能保持过去那么高的增长速度,必须依靠全要素生产率的提升打造新动能。要把新发展理念贯穿到发展的全过程和全领域,真正实现更高质量、更有效率、更加公平、更可持续、更为安全的发展。

(三)新发展阶段要加快构建新发展格局,这是适应我国经济发展阶段性变化的主动选择

所谓新发展格局,就是以国内大循环为主体、国内国际双循环相互促进的新发展格局。它确实是中国经济发展到现阶段,面对这一阶段性变化,党中央做出的主动选择,也是应对国际环境复杂变

化的战略举措。前面提到国际环境的复杂变化，特别是以美国为首的一些西方国家对我国的高科技领域在"卡脖子"环节进行封锁，如果我们不调整新发展格局就会陷入被动局面。这也是发挥我国超大规模市场优势的内在要求。那么，如何构建新发展格局？我认为最重要的有三点。

一是坚持把自己的事情办好。我国在应对国内国际所面临的困难和矛盾的过程中，最关键的就是要把自己的事情办好。比如，2020年新冠肺炎疫情暴发初期，最开始在武汉发现病例，春节前后武汉封城，湖北加强管控之后，西方社会对我国一片攻击，等到4月疫情控制之后舆论风向大变。原因在于控制住了疫情就有发言权，美国当时感染人数、死亡人数不断增加，包括其他一些发达国家，它们有相对较好的医疗条件，最后还是无法控制疫情。因此，把自己的事情办好，这是我们在构建新发展格局中首先要把握的一点。构建新发展格局，要把扩大内需作为战略基点，因为大国经济有别于小国经济，中国有庞大的国内需求。以国内大循环为主体，并不是说我国没有其他办法，而是这是我国必须要走的路。实际上，扩大内需也是应对现阶段主要矛盾变化的要求。我国社会的主要矛盾是人民日益增长的美好生活需要和不平衡不充分的发展之间的矛盾，只有扩大内需，畅通国内循环，才能真正把增长潜力发挥出来。另外，畅通国内大循环，就要打通堵点，其中有一些短板和一些缺项需要补齐，有些西方"卡脖子"的领域需要攻关，否则就会影响经济社会发展。

二是突出创新驱动发展。构建新发展格局并不是放弃国际循环，而是在能够国际循环的领域仍要继续做好循环，在那些被"卡脖子"的领域则必须实现自主创新。例如，现在的集成电路，包括基础软件和生产设备有很多元器件遭遇"卡脖子"问题，如果没有芯片，很多企业都要停产，所以科技创新和自主创新必须立足于能够补齐这个产业链和供应链的短板，一定要把经济发展转到依靠自主创新和内需主导的高质量发展道路上。构建新发展格局，很重要的一点就是要自立自强。

三是坚持高水平对外开放。对外开放除了传统意义上的贸易自由化、便利化之外，还有一个制度开放的问题，就是要在制度方面实行更高水平的开放。在高水平对外开放上，不仅仅是传统意义上的"走出去""引进来"贸易出口的便利化、投资便利化，更重要的是参与到全球治理当中。我国要提升在全球治理上的话语权，要能参与进去，并且能够在全球治理过程当中提升我国的开放度。

总之，构建新发展格局是党中央明确提出的大政方针。进入新发展阶段，就必须贯彻新发展理念；只有贯彻新发展理念，才能有效构建新发展格局；只有构建新发展格局，实现高质量发展，才能使我国在实现"两步走"奋斗目标的过程中走得更顺畅。

三、"十四五"时期几个重大发展战略问题

这里我着重讲几个重大发展战略，大体上回答如何应对这些挑战。当然，这不是"十四五"时期我国所面临的全部问题。

(一)坚持加快实施创新驱动的发展战略

为什么要坚持创新驱动?一是以创新引领发展不仅有助于提高潜在经济增长率,而且有助于实现高水平的自立自强。二是以创新引领发展不仅是应对国际竞争新格局的关键之举,也是破解"卡脖子"问题的内在要求。三是以创新引领发展不仅是两个阶段的重大战略,还是构建新发展格局的必然选择。从措施来讲,推动科技创新和自立自强主要有以下四个方面。

第一,强化国家的战略科技力量。首先,需要选准攻关方向。重大科技的前沿必须捋清楚,明确攻关方向。"十四五"规划明确提出把以下领域列为重大创新攻关方向,分别是人工智能、量子科技、集成电路、生命健康、生物医药、航天科技。瞄准科技前沿之后,一方面靠企业,另一方面靠政府。政府最根本的还是要发展好教育,因为创新不是一天就能做到的,从小学、初中、高中到大学的每个层级,用传统的教育理念和教育方法培养创新型人才都是不够的,所以我们需要在人才培养上加大投入力度,而人才培养要从基础抓起。在培养人才的过程中,要更多注重高校建设,特别是研究型大学,要把高水平大学的力量充分发挥出来,从而推动科技创新,这是国家和政府要加强的。其次,建设国家重点实验室,在大学和研究机构、在相关领域布局一批国家重点实验室。再次,建立国家自主创新示范区。改革开放以来,国家审批了很多高新区,以及粤港澳大湾区、长三角、京津冀这些传统的科技人才比较集中、研究基础比较好的地区,如何把这些地方打造成创新高地,是要考虑的重点问题。最后,加强对基础研究的政府投入力度。对于数学、物理的基础研究更多是要靠政府，现在有一些有远见的企业在延展培养这方面的人才，但基础研究更多的是要靠政府加大投入，强化国家战略科技力量。

第二，提升企业技术创新能力。首先，企业是科技创新的主体。强化企业的创新主体地位，促进创新要素向企业集聚。要真正把国有企业、民营企业，特别是一些中小科技创新企业的创新主体地位发挥出来，这样才能最终促成我国的创新和市场真正有效地结合起来。其次，推动产学研深度融合。企业、高校、研究机构要真正把产学研深度融合做好。过去有很多高校的研究成果就是锁在保险柜，这种情况现在已经有了很大改善。现在的问题是研究不出市场认可的技术，只要有技术，市场上很多创投公司就会投资，所以推动产学研深度融合是发挥企业基础创新能力的关键因素。再次，发挥企业家在技术创新中的主体作用。企业家很重要，只有企业家认识到创新的重要性，舍得投入，并有意识地把最好的人才吸引到企业中去，创新才能促成。然后，鼓励企业加大研发投入。主要是加计扣除、减免税，我们对高科技企业所得税有别于普通企业，普通企业为25%，高科技企业是15%，研发投入加计扣除在不断提高，但目前从企业反映的情况来看扣除和减免的额度还是不够。最后，发挥中小型科技企业的作用。现在很多大型平台企业基本上是由中小科技型企业发展而来的，所以要鼓励科技型中小企业在创新发展中发挥作用。

第三，完善科技创新的体制机制。一要健全组织体系。现在科技部、中国科学院的机构体系能达到省一级，主要是依靠政府推动，这是一种模式；企业自身、企业联盟通过资本串联，是另一种模式。各种模式都需要去探索。二要健全激励机制。包括知识产权保护、科研成果参与分配、科研评价机制引导。很多企业机制都非常灵活，真正的创新主体应该给股份、期权等，必须让知识参与财富分配。三要构建科研、产业、金融协同互促合作机制。要思考为什么有些发达国家的创新活动那么活跃，创新企业那么多，成果也很多，而我们很多科研人员的成果出来之后没有资金，不能被一步步地转化。随着资本市场上创业板、中小板的发展，在一定程度上能够缓解这方面的问题，但还需要继续推动改革，健全多层次资本市场体系。我们现在的考核机制对于创新来讲有很大困难，只许成功，不许失败。创新型企业有可能成功，也有可能失败，所以我们要鼓励创新、宽容失败。这其中金融支持非常重要，创新需要有科研机构、产业企业和金融机构在其中共同发挥作用，这样才能真正使我们的科技创新取得实效。

第四，激发人才创新活力。科技创新要靠人，一方面是要自己培养人才，另一方面要引进人才。现在真正顶尖的创新人才都是世界性的，知识没有国界，把真正有用的人才、顶尖人才和领军人才引进来，我国的企业就能有大的发展。在生物医药领域的很多人才都是在国外留学的华人，他们可能在基因、生物制药等某个领域的研发能力很突出，若是能够吸引他们回国，很快就能把一个小企业做起来。除此之外，就是用好人才，加强国际合作。虽然我们把科技创新叫自主创新，但一定是开放性的，如果是封闭性的，就很难达到我们预想的目的。

（二）坚持扩大内需战略基点

为什么现在这么强调内需？

一是应对国内外风险。新冠肺炎疫情对我国最大的警示就是必须要有完整的产业链和供应链，必须坚持把内需作为战略基点。从货物和服务净流出占 GDP 的比重来看，我国已经由 2007 年的 8.7% 下降到 2019 年的 1.2%，内需的重要性更加凸显。

二是支撑我国经济中高速增长。这些年，内需在 GDP 增长当中的贡献率比较高，事实上是内需主导的，最终消费需求在整个 GDP 增长当中的贡献率也在逐步提高。2019 年，我国内需对 GDP 增长的贡献率达到 89%，最终消费需求支出对 GDP 增长的贡献率为 57.8%。不过与其他国家相比，这个比重还是略低一些。扩大内需有利于挖掘我国的超大规模市场优势和内需潜力，保持经济中高速增长的"基本盘"。

三是更好满足人民对美好生活的需要。比如，现在从产品类消费来讲，我国城市住房面积已达到人均 37 平方米，从面积上看这并不算少，但是很多质量不好，尤其是在一些中小城市房子质量比较差。提升产品质量是我们扩大内需的一个重要方面。又比如我国现在的汽车保有量是相对比较低的，千人汽车保有量是 204 辆，相比韩国、欧美国家低很多。当然，这也涉及碳达峰、碳中和问题，涉及城市交通拥堵问题，需要综合施策。再比如，教育、幼儿、养老、文化和旅游这些领域的相关服务消费，也有很大的需求潜力，还需要深入挖掘。

"十四五"规划纲要就扩大内需做出了以下两方面部署。

第一个方面，改善收入分配，增强消费能力。贫富差距越大，收入越高的人，财富越多的人，边际消费倾向越低，即所谓有钱人无处花，没钱的人想花却没有钱。因此，要改善收入分配，增加中低收入群体收入，形成一种"橄榄型社会"，扩大中等收入群体，这是扩大内需的重要着力点。要提升衣食住行等方面的传统消费；培育通信、网络等方面的新型消费。再就是服务消费，包括教育、医疗统统属于服务类的消费。还有，可以适当增加公共消费和政府支出性消费，开拓城乡消费市场。总体而言，扩大消费还是中低收入群体的潜力最大，但是现实能力不足，如果我们能够通过乡村振兴，通过农村劳动力进一步向城市转移来提高他们的收入水平，就能将其消费潜力释放出来，这是扩大内需的重要举措。

第二个方面，发挥投资对优化供给结构的关键作用。投资潜力和过去相比有所下降，但依然还有空间。在"十四五"规划纲要当中提到的基础设施，尤其是城市地下管网等"看不见"的基础设施，还有很大发展空间。再有就是民生领域，在应对新冠肺炎疫情当中被广泛应用的科技创新、防灾备灾体系等也有很大的投资空间。我们强调扩大内需，并不是不要外需，还要继续发挥外需的重要作用。

（三）实施积极应对人口老龄化战略

应对人口老龄化上升为国家战略并写到文件的标题当中，是经过了几番努力的。

首先，要明确我国人口老龄化的现状。一是第七次全国人口普查的结果，为什么说不仅是人口老龄化，而是少子老龄化。从第七次全国人口普查的结果来看，我国有14.1亿人口，占世界总人口的18.11%，10年来一直呈下降趋势，过去常讲我国用世界9%的耕地养活了世界1/5的人口，这就意味着我们过去一直占世界人口的20%，现在只有18.11%。二是人口的年均增长率下降到了0.53%，这是很低的，比世界平均增速低0.6个百分点。三是总和生育率只有1.3，低于代际更替生育水平的2.1，虽然比2019年略微提高（2019年总和生育率只有1.2），大概是二胎政策之后稍微有了一点回升，但总体还是很低。四是劳动年龄人口比2010年下降了6.8个百分点。所以，我国面临的人口形势比较严峻。关于这个问题，有专家提出了两个拐点，一个是劳动人口年龄拐点，即劳动人口绝对规模下降引发供给侧的问题；另一个是人口总量拐点，在2025—2030年（大概率是2027年），我国的总人口规模开始下降，到那个时候就会引发需求侧的问题。

其次，为什么强调老龄化？因为我国的人口老龄化呈现出以下三个特征。一是未富先老，在表5.1中，我国进入中度老龄化后人均GDP预测值是10 371美元，相当于其他进入中度老龄化社会国家人均GDP的1/3。二是人口老龄化的速度加快，联合国世界人口展望预测，2020—2050年中国65岁及以上人口比重将提高14.1个百分点，是10个主要国家中提高最快的。另外，2020—2035年中国60岁及以上人口的比重、65岁及以上人口的比重将分别提高11.94个百分点和9.3个百分点，也都高于同期其他中高收入国家水平（见表5.2）。三是老年人口的绝对规模巨大，2019年我国65

岁及以上人口达到1.76亿，占世界同年龄组人口的1/4，上文提到我国的总人口占世界总人口的18.11%，而老龄人口占到1/4，明显高于世界同年龄组人口。预计到"十四五"末期，我国80岁高龄人口将达到3 376万，比"十三五"末期增加446万。随着我们人均期望寿命的提高，老龄人口的绝对数还在升高。

表5.1　全球主要国家进入中度老龄化的年份和发展水平

国家	进入中度老龄化的年份	中度老龄化时的人均GDP（2010年不变价美元）
德国	1972	21 031
瑞典	1972	27 255
英国	1975	19 609
意大利	1988	29 325
法国	1990	32 524
葡萄牙	1992	17 640
西班牙	1992	23 128
日本	1995	40 369
荷兰	2004	47 576
加拿大	2010	47 448
澳大利亚	2013	54 130
美国	2014	51 066
俄罗斯	2017	11 551
韩国	2018	28 158
平均值	—	32 200
中国（预测值）	2023	10 371

资料来源：中国社会科学院人口与劳动经济研究所课题组、联合国世界人口展望2019年数据库、世界银行。

表5.2 不同类型国家的老龄化进程

年份	中国	中收入和高收入国家（不含中国）			
		平均	慢速组	中速组	快速组
60岁及以上人口占总人口的比重（%）					
2020	18.17	13.57（7.55）	8.35（5.64）	16.78（7.45）	21.21（7.10）
2025	21.86	14.81（8.01）	9.42（6.03）	18.46（7.85）	23.63（7.29）
2030	26.37	15.92（8.40）	10.56（6.43）	20.02（8.14）	25.71（7.47）
2035	30.11	16.99（8.78）	11.81（6.84）	21.58（8.43）	27.68（7.77）
2020—2035	11.94	3.42	3.46	4.80	6.47
65岁及以上人口占总人口的比重（%）					
2020	12.86	9.46（6.11）	5.52（4.39）	12.06（5.95）	15.38（6.00）
2025	14.80	10.48（6.55）	6.25（4.74）	13.49（6.36）	17.51（6.18）
2030	18.19	11.52（7.01）	7.18（5.14）	14.99（6.81）	19.68（6.45）
2035	22.22	12.44（7.41）	8.14（5.53）	16.34（7.14）	21.51（6.70）
2020—2035	9.36	2.98	2.62	4.28	6.13

注：括号中的数据为标准差；各个国家的数据按照人口加权。

资料来源：中国社会科学院人口与劳动经济研究所课题组、联合国世界人口展望2019年数据库。

最后，人口老龄化将带来三重影响。一是对经济增长产生冲击。二是造成储蓄行为和消费行为发生结构性变化。三是抚养比提高。赡养老年人口的社会负担急剧增加，上到国家下到家庭的负担都会加重。

为应对人口老龄化，"十四五"规划纲要提出了一些措施：一是增强生育政策包容性，减轻家庭生育、养育、教育负担。放开二胎政策之后有两年出生人口数增加，后面又回到了原来的状况。养育成本是一个重要的影响因素。如果不采取切实有效的政策，生育率很难提高，即使实施了鼓励性政策，要明显提高总和生育率也有一定困难。发达国家走过的路大家都看到了，包括欧洲国家，如俄罗斯等国家出生率都是极低的，有的地区不仅不愿意生，连结婚都不愿意，结了婚离婚率也大幅度提高。生了孩子，就可能影响工作，影响个人发展，有的家庭生了两个孩子雇个保姆连住的地方都没有，确实会增加很多负担，这是个比较大的问题。二是推动养老事业和养老产业协同发展。重要的是发展多种养老模式，比如说居家养老、社区养老和商业性养老相结合。三是从发展普惠托育服务体系、支持婴幼儿照护服务的角度，出台一系列健全婴幼儿发展的政策，鼓励发展多种形式的婴幼儿照护服务机构。父母都想孩子上好学校，从幼儿园、小学到初中、高中，再到大学，能上本科不上专科，不得已都不愿意上职业学校，能上大学的都瞄准清华、北大，可是大学的招生名额有限，这是东亚社会普遍存在的问题。所以大家会有一种焦虑感，这也是造成低生育率的原因，这些政策都需要做出相应调整。

（四）扎实推动共同富裕

习近平总书记指出，实现共同富裕不仅是经济问题，而且是关系党的执政基础的重大政治问题。实现共同富裕是社会主义的本质要求，是人民群众的共同期盼。

实现共同富裕，目前还存在很大难度，特别是现在的三大差距并没有明显缩小。一是地区差距。例如，虽然东西部人均 GDP 之比稳中有降，但人均可支配收入之比下降并不明显。尤其是那些人口大幅度向外流动的地区，经济发展不景气。除了少数地区，全国大部分地区的差距还是非常大的。二是收入差距。我们对中国家庭人均可支配收入做了五等分组统计,最高的20%收入组和最低的20%收入组的收入比大概是10∶1,可见收入差距还是比较大的。三是城乡差距。2020年,我国城乡居民人均可支配收入之比约为2.56,仍处于较高水平;东部地区城镇与西部地区农村的居民人均可支配收入之比超出3.8。

就实现共同富裕而言,"十四五"规划纲要中有一些措施安排:一是缩小收入差距。包括提高人民收入,强化就业优先政策。过去在脱贫攻坚时期,我在地方工作时就深切感受到,一个农村家庭即便是贫困户,只要有人在外面打工,这个家庭就会脱贫,所以扩大就业是解决收入差距的重要举措之一。政府要做好二次分配,完善转移支付制度。在初次分配领域是效率优先,但在提供基本公共服务方面,政府要加大转移支付力度。现在提到的包括财产税和房地产税等税收政策的调整,对于调节贫富差距有积极作用,但短期内很难推行。此外还要履行社会责任,鼓励慈善事业发展。社会组织可以看作实现第三次分配的有效载体,对于缓解收入差距有积极意义。二是缩小地区差距。我国出台了很多区域性发展政策,要把这些政策落实到位。要推进区域协调发展,更好促进发达地区和欠发达地区、东中西部地区和东北地区共同发展,完善转移支付制度,加大对欠发达地区财政方面支持,逐步实现基本公共服务均等化。三是缩小城乡差距。推进以人为核心的新型城镇化,全面实施乡村振兴战略,强化以工补农、以城带乡,推进形成工农互促、城乡互补、协调发展的新型工农城乡关系。让能够向外转移的人更多地转移出去，提高农村劳动年龄人口的劳动生产率，这是下一步缩小城乡差距的重要因素。另外，政府要加大对农村基础设施的投入，像道路、通信、医院和养老院等，也可以给欠发达地区适当补助，提高当地的基本公共服务水平。

（五）实现碳达峰和碳中和

这个问题对我国来说很严峻。我国是一个有 14 亿多人口的大国，要全面建设社会主义现代化，延续过去发达国家高耗能、高排放的老路是行不通的。中国在减排、应对气候变化方面是自主选择的，不是外界强加的。因为我国转变发展方式是对人类负责，我国是自己给自己加压。与欧美发达国家相比，我国实现碳达峰和碳中和的年限都要短得多，所以我国压力很大。

要实现碳达峰和碳中和，我国还存在一些困难：一是工业能耗占比较大。2018 年，我国工业能耗占比约 66%，在能源消费结构中，2019 年我国原煤消费占 57.8%。二是我国能源效率相对偏低。2019 年，中国和经济合作与发展组织（OECD）国家的能效之比为 0.6，单位 GDP 的能耗之比是 1.82，这是我国与其他国家的差别。三是时间窗口偏紧。从实现碳达峰距离实现碳中和的时间来看，欧盟用了 70 年，美国用了 40 年，日本用了 40 年，我们距离碳达峰目标实现已不足 10 年时间，碳达峰距离碳中和是 30 年，任务非常重，但是我国的能源消费仍会刚性增长，到 2050 年，用电量还要增长 1 倍以上。

"十四五"规划纲要提出，一是落实 2030 年应对气候变化国家自主贡献目标；二是锚定努力争取 2060 年前实现碳中和。具体部署包括：第一，完善能源消费总量和强度双控制度，重点控制化石能源消费。第二，实施以碳强度控制为主，碳排放总量控制为辅的制度，支持有条件的地区、行业和企业率先达到碳排放峰值。现在普遍存在一个误区，好像说达到峰值是不是就没有问题了，而实际上我们最终的目标是实现碳中和，如果以一个很高的标准达到碳达峰，后面的30年碳中和就会很难，所以要在一个相对较低的峰值水平上达峰才能为后面的30年创造有利条件。第三，推动清洁能源低碳安全高效利用，提升生态系统碳汇能力。第四，加强全球气候变暖对我国承受力脆弱地区影响的观测和评估，提升城乡建设、农业生产和基础设施适应气候变化的能力。第五，建设性地参与和引领应对气候变化领域的国际合作，推动落实联合国气候变化框架公约和我国力争2060年实现碳中和的承诺，积极开展气候变化南南合作。

总结起来，以上主要讲了三点：一是迈入"十四五"，我国发展环境面临着深刻复杂的变化，但仍然处于重要战略机遇期，不过机遇和挑战都有新的深刻变化。二是必须立足新发展阶段，贯彻新发展理念，加快构建新发展格局，走高质量发展之路。三是我国"十四五"时期面临的几个重大问题，不是全部，但是相对还是比较重要的。

中国经济 50 人论坛丛书
Chinese Economists 50 Forum

第六章　社会养老保险体制改革的重点问题①

楼继伟②

---

① 本文根据 2021 年 5 月 20 日长安讲坛第 379 期内容整理而成。
② 楼继伟，论坛成员，第十三届全国政协常委、外事委员会主任。

一、相关概念

社会保障由社会保险和社会救助组成。在养老保险领域,前者是城镇企业职工基本养老保险,在机关事业单位养老保险并轨后,统称为"城镇职工基本养老保险";后者主要为城市低保、农村贫困户补助等。城乡居民养老保险和医疗保险由于财政补贴比重大,其性质在二者之间。这里主要讲城镇企业职工基本养老保险,并涉及并轨。

在我国讲到社会养老保险时,"统筹"的概念有多重含义。一是从资金平衡行政层次角度,如省级统筹或全国统筹;二是从收入分配角度,养老金给付向哪一年龄段、哪一群体倾斜,如早期"统账结合"模式中的"统筹";三是从养老保险属性角度,统筹共济,风险共担,实际就是"短寿补长寿"。常常需要通过上下文去理解

"统筹"的特定含义。

二、社会养老保险基本原理

社会养老保险在原理上与商业养老保险相同，二者都是风险共济，长周期精算平衡。二者有两个不同点：一是前者由政府强制推行，一般要求雇主和雇员共同为雇员缴纳保险金，后者由个人自愿参与；二是管理成本最小化和商业化的差别。政府强制推行社会养老保险的原因是，每个人的财富创造能力具有高度不确定性，生命长短更是高度不确定。政府为了防止一部分人步入老年生活无着、一些人更为长寿但累积的财富已经耗尽，除了用一般税收对老人给予低水平补助外，强制性要求每个企业职工和企业在个人就业期间缴存一部分收入投入公共管理的保险，风险共济，确保居民退休后终身保有基本生活，这就是社会养老保险的简单道理。需要强调的是，社会养老保险是强制性的，就隐含着政府的给付承诺。

政府提供个人税收优惠鼓励的商业性保险也有雇主和雇员共同交保的险种。在我国，有养老险性质的是企业年金和职业年金。它们在交保时都可以按一定的比例在企业成本中列支和在个人所得税税基中扣除，相当于两个所得税优惠，但都不隐含政府的给付承诺。

三、社会养老保险体制多种模式

一般来说，社会养老保险体制从筹资模式上可分为现收现付制

（Pay as You Go），也称公共积累制（Common Account，CA），以及个人实存积累制（Personal Real Account，RA）；从给付模式上可分为按缴费确定型（Defined Contribution，DC）和按待遇确定型（Defined Benefit，DB）。实际上，不存在完全的现收现付制，因为这需要在每年精算的基础上，不断调整缴费率或替代率，以实现年度收支平衡。目前存在的被称为现收现付制的，实际上都是公共积累制，即将一定时期年度收支结余放在公共积累账户中统一运营，同时在定期精算的基础上，周期性地调整保险参数，以保持长期精算平衡。

DC+RA，智利模式。激励约束机制很强，不含风险共济因素，属于强制储蓄和个人自主投资于受特殊监管的管理基金。

DC+CA，北欧模式。也被称为"名义个人账户制"（Nominal Account），激励约束机制较强，包含风险共济因素，属于社会养老保险。

DB+CA，南欧模式。激励约束机制弱，便于引入再分配，包含风险共济因素，也属于社会养老保险。

DB+RA，这种模式不存在。个人实存积累账户给不出理由按DB给付，也没有共担风险的机制。

中国是统筹和个人账户相结合。早期的模式为（DB+CA）+（DC+RA）；现在第二个要素已不存在，于是将DC融入（DB+CA）中，成为（DB，DC+CA），并且逐步增加DC占比，这是正确的选择。

四、各种模式的利弊分析

（一）个人实存积累制多缴多得的激励作用强，但有重大的缺陷

首先，个人实存积累制没有风险共济因素。短寿者个人账户有结余由家人继承，长寿者个人账户耗尽由家人自行解决供养。为弥补这一缺陷，智利的做法是政府另外给予一定程度的补贴，直至终老。缺乏风险共担机制是 RA 的基本缺陷。

其次，在个人实存积累制下，个人决定所持资金账户的委托管理人与社会保险的原理相冲突。其逻辑上的矛盾有三个方面。一是个人账户资金由个人决定委托给具有哪一类风险特征的某一家基金管理人，个人创造财富的高度不确定性再一次影响退休后的基本生活，这违背了社会养老保险的基本属性。二是将其作为社会养老保险，就隐含着政府的给付承诺。虽然从整体上看，私人管理机构可以控制好风险，获得相应的收益，但一些管理机构会运作失败，这就迫使政府对不确定性的过程和后果不得不干预。例如，根据年龄段限制个人可选择资产的风险类型（典型的是 50 岁以后只能购买国债）；让绩优基金去兼并失败的基金，甚至是政府保底收益。这些举措都造成道德风险，而且是不公平的。三是个人决定资产配置常常会出现问题，年轻的时候没有经验，不会资产配置；当积累了经验会配置的时候快要退休了，已经来不及了。

最后，分散的私人机构管理基金的成本很高，不符合社会养老保险运营成本最小化的要求。例如，智利的各家基金管理人（AFP）40 年来平均年化净收益超过 6%，但平均成本超过 2.3%。相比之

下,加拿大养老基金(CPPIB)投资运营公共积累账户资金,20年来年均成本不足1%,年化净收益也超过6%。

美国著名经济学家马丁·费尔德斯坦(Martin Feldstein)是我的朋友,他为我国的社会保险提出过很多好建议,例如,建立国家统一管理的单一机构,降低社会保险缴费率,同时也降低替代率,将社会保险功能和社会救助功能分开,由税务部门统一征收以提高效率,并对"中人"①账户计入债权以解决代际补偿问题等。21世纪初我同他交流,我们唯一的分歧是他主张做实个人账户,我主张做名义个人账户。他随后安排他的一位门生——美国财政部分管助理部长专门到北京同我进一步交流,我提出的还是做实个人账户存在的上述问题,但对方拿不出能够自圆其说的解决方案。

当然,20世纪70年代后期,智利过度福利化的养老保险濒临崩溃,政府在1980年推出个人实存积累制改革,走出了危机,对世界各国养老保险制度改革产生了广泛影响,其经验教训也为名义个人账户制所借鉴,是值得认真研究的。

(二)DB+CA 南欧模式包含风险共济因素,激励约束机制弱,便于引入再分配,但容易给付失控

DB+CA 南欧模式引入再分配,典型的如给付提标向某一行业或某一年龄段的退休者倾斜。该模式包含风险共济因素是显而易见的,也就是"短寿补长寿"。

---

① 中人,即因系统建立时已经就业一段时间而缴费不足的个人。

该模式激励约束机制弱有两个方面：在保费交纳方面，由于缴费多少与退休金给付的关联性弱，个人和雇主普遍倾向于少缴；在退休金给付方面，由于公共积累账户有阶段性结余，管理者在给付提标时往往比较慷慨，不去考虑长期精算平衡，甚至得过且过，所以20世纪90年代早期世界银行这种贬义的提法不是没有道理。从2019年爆发到现在还没有结束的希腊经济社会危机的原因有很多，其中重要的就是养老保险不可持续，造成财政危机，希腊的社会养老保险制度替代率甚至一度高达110%，而且同缴费多少挂钩很弱。退休金比在职工资都多，谁愿意工作而不是早退休呢？面对持续的危机，希腊不得不改革，又触及广泛的既得利益调整，引发了社会危机。

（三）北欧国家为名义个人账户模式

在20世纪90年代中后期改革之前，北欧也是以DB+CA模式为基础，略有DC因素。改革之后将再分配因素剥离，建立了类似我国的低保制度，并将DB改为DC，多缴多得、长缴多得，约6/7表现为名义个人账户制度，在CA中为每个人记账，计入个人和雇主所缴存的养老金数额，作为养老金给付的依据，但是不可继承，体现统筹共济、风险共担的养老保险属性，约1/7是个人实存积累账户。

国家建立养老金投资管理机构对CA中的阶段性结余做保值增值投资，各国这方面的机制有所不同。例如，瑞典有六家管理机构[①]，其中AP7对RA账户进行投资管理；AP1—AP4可以配置各类资产，在给定的风险限额内获得更好的回报；AP6专注于非公开市场投资。政府将CA中的资金分配给AP1—AP4和AP6管理，AP7管理RA账户资金。这些投资管理机构每年向社会公开业绩。国家每年预测长周期经济增长率、就业率、人口增长率、预期寿命等客观参数，参考投资收益，代入可调整参数，进行长周期精算，将结果公之于众。国家在必要时调整参数，如对提高缴费率、调整替代率、推迟法定退休年龄等做出制度性规定，以保持长期精算平衡。由于过程和结果完全公开，社会大众都能理解支持。

DC+CA或称名义个人账户制已是世界的潮流。曾经力推智利模式的世界银行，在21世纪初也转向推荐名义个人账户制。

五、代际补偿的处理办法

社会养老保险有一个共性难题是代际补偿或称代际赡养的处理问题，就是解决好"老人"[②]和"中人"退休后养老金不足的问题。解决的基本办法有以下两种。

第一，由政府向参保人发行"认购券"，在其个人账户中记录一笔债权，以弥补"老人"和"中人"缴费的不足，这些政府债务

[①] 瑞典六家管理机构分别为AP1、AP2、AP3、AP4、AP6和AP7。AP1—AP4和AP6管理CA账户中的结余（Buffer Capital）；AP7管理RA账户资金（Premium Pension）；AP6和AP7专注于非公开市场投资。

[②] 老人，即系统建立时未曾缴费且已经退休的个人。

实际上是由后代纳税人偿还的。在做实个人账户模式下，个人只负担本人的积累，如果没有其他公共收入来源，只能采取这种办法，智利就是这种做法。

第二，对于未缴费的"老人"和缴费不足的"中人"，其部分养老金由后代人补偿，以此类推代际补偿应逐步递减。这就需要当代人和后代人提高缴费率，建立公共积累账户平滑机制，解决代际补偿问题。DB+CA 和 DC+CA 模式很多国家采取这种做法，我国就是这种做法。

理想的是 DC+CA 模式配合第一种代际补偿做法，账目清晰，纳税人责任摆在明处，当代人的缴费率也比较低。

我国还有一个特殊优势，就是有大量的国有资产。我国可以将部分国有资本划转到社保基金，将年度分红收益用于解决代际补偿。实际上，国有企业职工早期未缴或少缴的养老金，表现为国有资本的增加，这种代际补偿的方式是合理的。

六、企业职工社会养老保险行政管理体制

企业职工社会养老保险，关乎劳动力的跨区域流动，应由中央政府统一管理。这包括全国统收统支，所有地区统一缴费率，并由国家税务局或相应的垂直管理机构统一征缴，所有的地区统一退休金替代率，由国家单一机构统一发放；还包括公共积累账户资金由国家统一投资运营，当然也可以采取与瑞典类似的多家机构运营的方式。并且还对养老保险体系的可持续性做统一精算，并全国一致

地调整相关政策。这样的社会养老保险体系具有可携带性，劳动力流动是顺畅开放的，退休人员选择养老地是无障碍的。劳动力作为最活跃的生产要素，具有充分的流动性，对经济福祉的提升、生产效率的提高作用巨大。世界各市场经济国家社会养老保险的行政管理体制大同小异，都由中央政府统一管理。

我国的分级管理体系在可比国家中是唯一的高度层级碎片化的体系，中央做政策指导，各地方分散管理，从以市县管理为基础，再过渡到省级统筹。各个地方的计提、给付办法是不同的，社会养老保险跨地区接续难，妨碍劳动力流动。阶段性余额实际都由市县管理，规定只能投资于存款和国债，否则很可能被当地政府用于搞建设。当然还可部分集中到省级，委托全国社会保障基金理事会投资管理。10年前已经宣布实现了省级统筹，实际上所谓省级统筹，绝大部分省份都是省级资金调剂，征集、给付和余额运营都在市县。这样一种制度要解决社会养老保险随劳动力流动而跨省市转移是十分复杂的，我国从2009年起出台政策并逐步改进，已经初步实现了跨省市转移[①]。

七、我国社会养老保险的缺陷和产生的原因

（一）社会养老保险管理层级碎片化产生的原因

1995年，我国国有企业改革起步，作为配套措施，职工要从

---

① 国务院办公厅.关于转发人力资源社会保障部、财政部城镇企业职工基本养老保险关系转移接续暂行办法的通知：国办发〔2009〕66号［A/OL］.（2009-12-28）. http://www.gov.cn/zhengce/content/2009-12/29/content_8104.htm.

"单位人"转变为"社会人",能进能出。企业职工社会养老保险开始试点[①]。社保改革在1997年推向全国,针对的主要是1亿多国有企业职工,并进一步扩展到其他所有制企业。国有企业隶属各级政府,当时是按隶属关系缴纳企业所得税,社会保险改革起步时按照隶属关系确定统筹层次合乎当时的场景。后经多次微调,形成了以市县管理为基础,省级调剂余缺的基本格局。形成这样的行政管理模式,也受我国上千年来科层制(又称官僚制)管理的传统思维影响。这样一种管理格局十分不公平,人口流入省份通常职工年轻、工资高,按省级统筹平衡可以缴费少、退休金高。而一些费率高的省份为从费率低的省份吸引重点投资,不得不对个别企业实行低费率。各省份之间的差异还造成了养老金可携带性差,不利于劳动力流动。

(二)统筹同个人账户相结合模式产生的原因

我国"统账结合"模式的特点为(DB+CA)+(DC+RA),叠加了较强的再分配因素。该模式产生的原因十分复杂,首先,最基本的原因是国有企业职工收入差距较大,但并不都取决于企业和职工的努力程度,国有企业刚刚脱胎于计划管控,计划往往决定收入能力。DB加适度再分配机制有其合理性。其次,当时世界银行推荐的做实个人账户模式的影响较大,因此引入了RA,但RA的设计是十分不合理的。目前是在60岁退休时个人账户中的余额除以139个月(改革起步时是120个月),按月给付,这是按人均期望

---

① "建立有中国特色的社会保障体制",1994年9月8日,《朱镕基讲话实录》第二卷,第24页。

寿命 71.6 岁计算的，如果短寿则余额可继承，如果长寿则由统筹账户继续发放，完全不对称。RA 中的资金可由各省委托全国社会保障基金会投资管理，获得了 8% 左右的年化回报。但 RA 使 CA 缩小，而且 RA 的投资回报越高，个人寿命越长，则对统筹账户的侵蚀就越大。基于多种原因，目前 RA 已经不存在，委托全国社会保障基金会的投资基金已全部撤回，但个人账户的不对称给付机制犹存。DB 从主要按当地人均工资的一定比例给付，逐步增强了 DC 因素，即增加"多缴多得，长缴多得"的占比。

八、现存的社会养老保险运作模式和管理体制可持续性堪忧

第一，养老金征缴率过低，不足 80%，即实收数不到应缴数的 80%。一是因社会养老保险模式中"多缴多得，长缴多得"的正向激励因素不足；二是分层管理，上级负责统筹，下级实际管理。统筹方保支付的责任大，下级更愿意放松政策，吸引外来企业投资。

第二，给付提标无规则约定，一年随意性大。2003 年起，连续十二年每年提高 10%，并向早退休的人倾斜。这样做在一段时间内是有道理的，早退休的人的退休金只有几百元，远低于快速提高的社会平均工资。这一历史遗留问题解决之后就应转入常态。各个国家的规定有所不同。有的国家是以上年消费者物价指数（CPI）为标准，有的国家是与经济增长和老龄化速度挂钩。我国应当做出相应的调整规定，并向社会公开。

第三，严重依赖财政补贴，而且压力逐步增大。2020 年面对

新冠肺炎疫情，我国企业职工基本养老保险缴费率临时性地降到13%，养老保险基金支付缺口增大，一般预算补贴增多，不具有可比性。根据财政部全国企业职工基本养老金决算数据，2018年总收入为 37 521 亿元，其中保费收入为 29 507 亿元，财政补贴收入为 5 355 亿元，其他为利息和委托投资收益；总支出为 31 567 亿元，收支相抵结余 5 954 亿元，但如果扣除主要来自中央财政的 5 355 亿元补贴收入，仅结余 599 亿元。2019 年，同口径收入为 38 175 亿元，包含 5 588 亿元财政补贴；支出为 34 720 亿元，当年有结余 3 455 亿元，但如果扣除财政补贴则为缺口 2 133 亿元。同年从 4 月 1 日起，制度性地将企业缴费率从 20% 降为 16%。如果不进行重大改革，以后依赖财政补贴的压力会逐步增大[①]。

此外，随着老龄化程度提高，缴存养老金的职工数量占比在降低，领取养老金的职工数量占比在提高。依照国家统计局的数据，2000—2019 年，城镇参保职工占比从 77% 降到 72%，退休职工占比从 23% 升到 28%，最后 5 年有变动加快的趋势，这预示着企业职工基本养老金更加依赖财政补贴。

九、已经采取和需要进一步采取的改进措施

各项改进措施集中的发生在党的十八届三中全会之后。这次全会提出，"坚持社会统筹和个人账户相结合的基本养老保险制度，

---

① 数据来源于财政部网站，2018 年及 2019 年全国社会保险基金决算。

完善个人账户制度，健全多缴多得激励机制，确保参保人权益，实现基础养老金全国统筹，坚持精算平衡原则"。其中，"完善个人账户制度"代替了以往的做实个人账户，结合"健全多缴多得激励机制"的表述，转为（DB，DC＋CA），逐步增加DC占比的政策基础。上述政策要求有的已经落实，有的正在落实中，还有的尚待起步。

（一）已经采取的改进措施

第一，《深化党和国家机构改革方案》中明确规定，自2019年起，社会保险的应缴费款全部由国家税务局统一核征，不再采取社会保险管理部门核定、地方税务部门征收的方式，从机制上削弱了当地政府"搞变通"，加强了制度的统一性。如果征缴率确定能提高，该措施既公平也弥补了统一降费的部分缺口。

第二，2018年做出规定，社会养老保险在2020年底实现统收统支意义上的真正的省级统筹。2020年国务院提出的《关于2019年中央和地方预算执行情况与2020年中央和地方预算草案的报告》中再次明确，现阶段社会养老保险已经完成省级统筹，长远可过渡到全国统收统支，由中央统一管理。这一过渡过程需要稳妥有序，解决好缴费政策、待遇调整不统一问题，以及基金统一管理、统一经办服务管理问题。其间，要防范各类道德风险。

第三，2018年国务院下发《国务院关于建立企业职工基本养老保险基金中央调剂制度的通知》，通过建立中央调剂金的方式，以省为单位向全国统筹过渡，从而产生了推动各省统收统支的机制。采用应缴费基乘国家统一规定的企业费缴率再乘调剂金率的方式，按 3% 起步，每年递增 0.5%，2020 年调剂金占比为 4.5%。全国统筹金再按各省应发放退休金占全国应发数的比重进行返还。这一做法是公平的，2021 年预算规模超过 8 300 亿元，净转移超过 2 000 亿元，并在《关于 2020 年中央和地方预算执行情况与 2021 年中央和地方预算草案的报告》中产生了推动各省统收统支的机制。

第四，落实党的十八届三中全会提出的"划转部分国有资本充实社会保障基金"的要求，按照制度建立初期未缴足养老金的数额折现到 2018 年的规模测算，在《国务院关于印发划转部分国有资本充实社保基金实施方案的通知》中的划转规模暂定为中央企业国有资本的 10% 划转全国社会保险基金理事会，2020 年底已经完成划转，规模为 16 800 亿元，根据实际测算比例还可以调整。各省也做出了相应的划转安排。这有利于解决代际补偿问题，支持适度降费。

第五，党的十九届五中全会提出"实施渐进式延迟法定退休年龄"。2020 年政府工作报告将其列为年度工作，准备调整实施这一重要的精算参数。这项政策可以同"多缴多得，长缴多得"的激励机制相结合。

第六，2014 年推进机关事业单位职工养老保险体制和城镇企业基本养老保险体制并轨，2015 年国务院颁布了《关于机关事业单位工作人员养老保险制度改革的决定》，参照企业年金建立了职业年金制度，该决定于 2014 年 10 月 1 日起实施。截至 2020 年，全国各地职业年金都开始投资运营。

以上措施方向正确，环环相扣，相互配套。

（二）需要进一步采取的改进措施

第一，进一步增强 DC 因素，即增加"多缴多得，长缴多得"的占比。可以选择将现存的财政补贴从养老保险收入中剔除，改为普惠性并带有一定收入分配因素的高龄补贴，鉴于通过养老保险统筹再分配机制解决早期退休者待遇过低问题的工作已经完成，国家还设有低保等社会救助机制，收入分配概念上的统筹已经有实现机制。养老保险可以从按统筹加个人账户给付全部转变为按记账式个人账户给付，要体现社会养老保险属性，记账的余额应不可继承，真正地实现统筹共济，风险共担。上述转型从社会保障的大概念来说，仍旧是统筹和个人相结合，但是增加了透明度，责任明确，激励增强。

第二，党的十八届三中全会提出，"关系全国统一市场规则和管理等作为中央事权"。按照这一要求，城镇职工基本养老保险与全国统一劳动力市场关系密切，应当作为中央事权，由中央统一管理。继续推进缴费率全国统一，全部转变为记账式个人账户，相当于各地的给付办法也都统一。在国家税务局统一征缴的基础之上，建立账户统一管理、统一支付的垂直管理体系，真正做到全国统收统支。划转部分国有资本充实社会保险基金的政策能真正解决好代际补偿的问题。公共积累账户资金委托全国社会保险基金理事会做长期投资，以获得更好的风险调整后的长期回报。可比较的数据是 2020 年全国社会保险基金理事会成立以来，年化投资收益率达到 8.14%。按照党的十九届五中全会的要求，"健全基本养老、基本医疗保险筹资和待遇调整机制"，对养老金每年给付提标做出中期规则性规定，并且按照党的十八届三中全会的要求，开展国家精算，定期调整实施精算参数，实现长期精算平衡。

已经采取的措施有些还没有完成，需要加紧落地，补充提出的两点措施也都是有政策依据的。同时，这些改革需要努力完成，因为快速老龄化时不我待。

（三）改革实现后可以达到的效果

第一，全国制度统一，管理统一，支持劳动力跨域流动。劳动力作为最为重要的生产要素，流动通畅，对实现经济社会健康发展至关重要。

第二，有效解决现存体系效率不足的问题。在巨额财政补贴和"8+20"的缴费率的条件下，现存体系只支撑了58.5%的制度替代率，初步估算应当能够支撑70%。2019年，缴费率改为"8+16"后，改革的迫切性更加明显。

第三，在老龄化社会快速到来的情况下，保持社会养老保险体系的可持续性。根据社科院中国养老金精算报告，在保持现存财政补贴，并且缴费率为"8+16"的条件下，全国城镇企业职工养老金将在2035年耗尽。除了制度效率不足外，重要的原因是老龄化在加速发展。

第四，给出多种政策选择余地。可以相信建立一个良好的制度，"8+16"的缴费率不必财政补贴，完全可以可持续地支撑58.5%。将现存的财政补贴改为普惠性并带有一定收入分配因素的高龄补贴后，可降低养老保险制度替代率，并将进一步降低企业缴费率，以支持第二支柱和第三支柱养老保险发展。这些做法使企业降低了成本、提高了竞争力，对于个人特别是灵活就业人员来说，则留出了选择空间。

第五，做出上述判断是有国际比较依据的。加拿大的社会养老保险体系在没有财政补贴的情况之下，以9.9%的缴费率实现了25%的制度替代率（此外，用其他税收为所有退休人员提供14%替代率的补助，总和养老替代率为39%）[1]。美国的社会保险由Payroll Tax筹资，税率为15.3%，其中用于医疗保险资金为2.9%，用于养老保险为12.4%，实现了38%的制度替代率。瑞典以社会保障税的形式征缴基本养老保险费，税率为17.21%，其中约6/7用于名义个人账户制度，制度替代率随出生年龄而有所不同，工作满42年且65岁退休的参保人的制度替代率从1948年出生人口的50%，缓慢下降到2000年出生人口的42%。以上这些国家都面临着人口老龄化问题，上述参数设定都是在长期精算平衡的基础之上，并通过激励正确、管理有效的制度去实现的。

党的十八大、十九大历次全会对健全和改进社会保障体系提出了明确要求。大量的工作已经落实，有些还需要进一步落实。党的十九届五中全会就相关问题提出了健全覆盖全民、统筹城乡、公平统一、可持续的多层次社会保障体系的宏伟目标。涉及的范围更广，领域更全面，改革更深刻，当然任务也更艰巨，需要我们每一个人的不懈努力。

---

[1] 特利尔.拯救未来：加拿大养老金"1997改革"纪实［M］.郑秉文，译.北京：中国劳动社会保障出版社，2017：5.

中国经济 50 人论坛丛书
Chinese Economists 50 Forum

第七章　气候变化的经济学理论与政策[①]

樊纲[②]

[①] 本文根据 2021 年 9 月 23 日长安讲坛第 380 期内容整理而成。
[②] 樊纲，论坛学术委员会成员，中国经济体制改革研究会副会长、国民经济研究所所长，中国（深圳）综合开发研究院院长。

一、气候变化的经济学

气候变化本身是一个科学事件,是需要科学研究的事件,同时它也是经济学要研究的重要问题。为什么呢?因为它是全球公共物品。学经济学的人应该知道,我们所有的消费物品分为两大类,一类是私人物品,另一类是公共物品。消费具有排他性,具有排他性的物品是私人物品,否则是公共物品,公共物品最重要的特征在于它有外部性。好的公共物品叫作"Public Goods",不好的公共物品叫作"Public Bads"。环境污染就是"Public Bads",环境不好对我们每个人都有不好的影响。因此,公共物品就出现一个问题,谁来清理这些"Bads"?私人物品是根据各自的需求供给,而公共物品的一个重要问题就是如何计算每个人的分摊成本。

环境污染就是典型的公共物品问题。防治环境污染，需要计算支出成本，包括要付出的成本有多大、得到的好处有多大，其中具有一系列的不确定性。这个不确定性也会引起各方面争议，包括学者之间的争论，当开展政策讨论的时候，在公共领域和公众当中也会引起讨论。

气候变暖是全球性公共物品，它也是一种空气污染。与局部地区性的空气污染不一样，气候变暖是全球性的大气污染。我们常说的 PM2.5，排放的硫化物、其他有害物质，对土地、土壤、水等可以说是局部性的，但是，二氧化碳污染是全球性的，它排放到大气当中，不论你在地球的哪个角落都能遇上它，它的积累对全球气候产生了重要的影响。因为它是全球性公共物品，涉及更多的利益对立。不同国家可能有不同的诉求，这是它的复杂性之一。

因为全球变暖，有的小岛可能会被淹，有的地区永久冻土层开始融化，不同国家、不同地域、不同位置受到全球变暖的影响不一样，大概会有不同的诉求。不同产业的利益冲突更大，例如，对于传统的化石能源产业，原来的生产技术需要转型，会产生大量的成本，他们就会有自己的利益诉求。

我们现在讨论气候变暖问题，都是在讨论 100 年、200 年、300 年以后这样长期的事情，想让全球变暖的温度降低 1.5 摄氏度或者 2 摄氏度也是到 2050 年的事情，所以我们现在是在讨论如何防止全球变暖对未来造成更大的伤害。而未来的利益集团现在还没有出生，他们是下一代、下下一代，甚至是下下下一代，我们是为他们在今天的公共政策辩论当中去发声，去争取他们的利益。今天的人想要争取自己的利益都没那么容易，为将来的人争取利益，再加上各种不确定性，这件事情就比较难。它是公共政策问题，要使市场发挥作用，需要政府带头采取行动，需要企业和个人都行动起来。

为什么说全球变暖有经济学？经济学对于这件事情相关政策的研究起了重要作用。在相当长的一段时间里，人们并不认为这件事情是确定的，加上有很多否定这件事情的怀疑论者、阴谋论者，各国政府和公众对这件事情的理解不够。他们觉得既然科学家还没有给出定论，那着什么急呢？连科学家在最初也有争议，有的说全球变暖不是人类碳排放行为造成的，是太阳黑子等造成的，太阳系太伟大，人类太渺小了，人类改变不了它；还有人说全球碳的影响有一个稳定值，人类在多大程度上干扰了这个稳定值也是不确定的。所以，人们迟迟不采取行动。

尼古拉斯·斯特恩（Nicholas Stern）是英国经济学家，他曾经担任欧洲开发银行的副行长和世界银行的副行长，对公共政策有很深入的研究。他带领团队写了《斯特恩报告》，这个报告首先解决了人们疑惑的不确定性问题。通过概率统计的方法，把不确定性变成风险，这是经济学的常用方法。我们在生活中的很多事情都是不确定的，但是我们可以给出一个概率，根据统计找出它们之间的相关性，即在一定概率意义上有相关性。这种方法使人们开始认识到这个问题，人们开始觉得这两件事情有相关性，开始觉得要采取行动。计算给出的结论也是政策建议，每条线都对应了一个概率。

如图 7.1 所示，最上面的线叫作"Business as Usual"，即按照现在的方法，不去采取措施减排，不去采取措施防范大气气候变化，那么到2050年的时候,全球气候温度就有50%的可能性上升大于2摄氏度。如果采取行动,根据成本效益分析,可能只有14%~32%的概率大于2摄氏度。我们不可能消除气候变暖,但是我们能大大降低气候变暖的概率。虽然以前已经有了《京都议定书》,但是在2007年之前至少经济学者没有太注意这个问题,还想等一等科学家的结论。斯特恩讲的话使公众听懂了,使世界上的公共政策决定者也听懂了。这是一件或然性事件,但是它的风险是可计算的。就像我们做投资,风险是多少、收益预期有多大、成本预期有多少,都是可以计算的。虽然风险是或然性事件、有不确定性,但是可以通过计算来指导你的行动,而且提示你行动比不行动好。

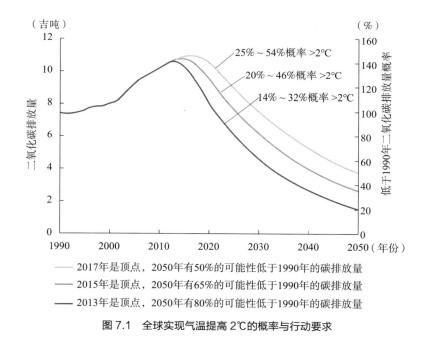

图 7.1 全球实现气温提高2℃的概率与行动要求

对于成本效益分析,斯特恩提出的方案是,如果我们现在每年拿出 1% 的 GDP 来做节能减排、发展新能源等事情,我们就有可能在未来很多年中减少 5% 的损失。这个方案引起了很多争论,有人问他当时提出这个方案现在有什么感觉,他说后悔只是提出 1% 而没说 3%,各种争论使他认识到现在需要做得更多,而不是更少。

诺贝尔奖获得者肯尼斯·约瑟夫·阿罗(Kenneth J. Arrow)是老一辈的经济学家,他看到斯特恩的报告评论了一句话,大家可能对他的数据分析有很多争论,但是无论如何他用这种方式使大家认识到了现在行动比不行动要好,这就是他的贡献。所以,2007 年以后大家对这个问题更加重视,世界上的讨论也增加了,问题也分析得更深入了。

现在,科学界对这个问题已经有共识了。这是在气象学家当中做的民意调查,到 2019 年,气象学家已经一致承认全球变暖气候变化确实是人类行为的结果,特别是跟人类排放二氧化碳的行为具有密切关系。现在科学界的一致共识是碳的问题,但是仍然需要对概率进行分析,因为有大量的不确定性,比如排放多少碳,气温能够涨多少摄氏度;现在减少排放,未来能减多少摄氏度,减排效果如何;对世界各地的影响如何等,所以概率的方法要继续适用。在这个方法的基础上进行成本效益分析,这是经济学的分析。

在怀疑论和不确定性的情况下,有一个概念叫作"无悔减排"。它说的是有一些减排行动,即使最后被大家证明和碳排放无关,行动者仍然不后悔花了成本、力量去做这件事情,因为行动者同时获得了别的好处。例如,现在北京减少煤炭的使用消费,我国永远不会后悔，因为我国的 PM2.5 太高了。煤炭在排放二氧化碳的同时，还排放了大量的粉尘和其他有害物质，造成了严重的雾霾。为了减少雾霾，我国也需要减排，减少使用煤炭，所以这个行动就是无悔减排。再如企业的节能，我们先不考虑排碳，只要节能，降低成本，提高利润，就可以获得超额利润，以后企业也不后悔，它是与减排共同产生的效益。这个概念好在哪里呢？当大家还不太想着为全球做贡献的时候，从政策角度推行，我们先去推动那些具有无悔减排的措施，不要等大家建立社会共识、都承认这件事情的时候才去做，那就太晚了。作为政策选择，我觉得这是非常有意义的事情。要在全球推行治理政策很难，但是如果要推动与大家的既得利益、现实利益相关的事情，大家就会很容易接受，如前文提到的减少 PM2.5，大家都会接受。

二、气候变化的发展经济学

除了发展经济学之外，经济学里还有一套增长理论，为什么有发展经济学还有增长理论，是不是重复了？增长理论是一般理论，它的基本原理可以用在各种案例上，它既可以分析发达国家的增长，也可以分析落后国家的增长。凡是要增长的，都必须要有这些增长要素，如劳动力、资本、制度、技术等。发达国家有技术、有资本等；发展中国家的这些要素构成低一些，没有教育，缺少制度，技术能力不强等。因此，这些属于一般理论，一个国家要想增长，必须得有这些要素。

发展经济学的特殊点在于,它专门针对的是落后国家的经济增长问题。一个落后国家要想增长起来有多难、要采取哪些措施、要利用哪些发展要素这里不再一一论述。而且"发展"这个词的特点是,落后国家不仅要增长,还要比发达国家增长得更快才能缩小差距。所以,发展经济学的特殊性就在于它不是增长的一般理论,而是研究落后国家增长的一套理论。

有意思的是,在研究发展经济学过程中,我们先开始讨论落后国家怎么落后、落后为什么不容易增长、技术落后、制度不完善,这是"贫困的陷阱"。当国家开始发展、发展之后进入中等收入国家时,我们又研究"中等收入陷阱"。到了国家真正发展起来了,虽然还很落后,但是在某些领域已经接近发达国家,某些大国又来打压你的企业、遏制你的发展,所以我们又得研究"修昔底德陷阱"。崛起的大国一定会受到守成大国的打压遏制,这就是发展经济学。在有两种国家存在的情况下就有了这套理论,与发达国家相比,你就是落后国家,你的落后产生了特殊问题。

"发展"这个词在英文里叫作"Developing"。当你看到"Developing"的时候,一定要想着这是指落后国家的事情,不是指发达国家的事情。如果你在欧洲国家看到一个研究中心叫"Research Center of Development",这肯定不是研究发达国家的,而是研究非洲、研究中国的。

英国在200年前开始工业革命,它开始排碳的时候,它还不是发展中国家。英国当时的人均收入可能还没有我国高,人均GDP只有5 000美元,但是那时候没有国家比它更先进,所以它就是最先进的。那时候碳排放没有机构管理，更没有机构用发达国家的高标准去衡量一个落后国家的排放问题，这就是我们早期研究的重点。我们更关注落后国家和发展中国家怎么办，就是要争取一个发展的权利。

有一个词叫作"温室气体发展权力"。讲的是从历史发展角度来看，落后国家不是温室气体的主要排放者，而是气候变暖的受害者。大气当中积累起来的二氧化碳可以说是从1763年瓦特的蒸汽机开始排放一直到现在，排放积累在大气层里面的二氧化碳主要来自工业化国家和发达国家。大家现在都认识到这样的排放会导致全球气候变暖，于是提出了要减少使用化石能源、减少二氧化碳排放，包括工业排放、交通排放等；提出了世界经济增长的新高度和新标准。此时发展中国家的问题就突出了，发达国家碳排放了二三百年，现在限制发展中国家碳排放，告诉发展中国家碳预算没有了，发展中国家该如何实现发展呢？

我们的研究也着重人均排放，研究人均对于消费的排放，关键是研究共同但是有区别的责任。应该说，世界上的有识之士也都是承认的，承认发达国家应该率先减排。因此，1997年有了《京都议定书》，议定书里面区分了发达国家和发展中国家。它有两个附表，一个是关于发达国家的要求；另一个是关于发展中国家的要求。发达国家承担有约束力的减排责任，如到2012年，这些发达国家基本实现了各自的目标，在那个阶段它们就实现了碳达峰，现在它们提出的目标就是碳中和。中国、印度等都属于发展中国家，希望可以努力减排，但是不设定有约束力的目标，自愿减排，同时也制定了方法要求，发达国家在这个问题上要对发展中国家进行援助。

关于发展权力或共同但有区别的责任，有三个特别重要的因素来界定共同但有区别的责任。

第一个因素是历史因素。历史上，发达国家是主要排放者，落后国家的排放量是相对较少的。

图7.2是2005年的计算。欧盟25国和美国加起来基本上占到了一半的排放。中国在1850—2005年的排放很少，在1990—2005年的排放开始上升。1990年之后，中国经济开始发展，排放比开始上升，但仍然很少。如果按照人均算，我国的排放量就更少了。如果按照人均消费，把碳排放归结为消费排放就更少了。因此，这个因素是非常重要的因素，它界定了历史责任。

第二个因素是全球化条件下各国经济结构的差异。早年工业主要在发达国家，落后国家的排放量很少，这时候生产性排放和消费排放原则上统一，因为发达国家同时也是消费主体。后来随着全球化发展出现了变化，发达国家不再做排放性产业，于是把污染产业转移到发展中国家。发展中国家成了主要生产者，因此也成了主要的碳排放者。这时候发达国家本地的排放，特别是生产性排放开始减少，但是消费没有减少。因此，发达国家开始注意到进口商品的生产有碳排放，于是它们提出要实行边境调节税，对排放产品征税。

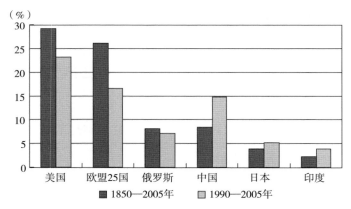

图 7.2 1850—2005 年和 1990—2005 年各国碳排放比例比较

总之,在结构差异问题上会产生很多争议,而结构差异是客观事实。发展中国家作为主要生产者一定会比发达国家排得多,我们既要实现发展,又要减排,今后实现碳中和就会更难。

第三个因素是财务能力。财务能力是一般性问题。在公共物品问题上,一定是富人要拿出更多的资源来提供公共物品,由大家共同享受。因此从这个意义上讲,发达国家应该拿出更多的资金和技术来帮助发展中国家减排,发达国家自己也应该在资金和技术上做更多的努力,做更多的减排。

这就是我国的结构(见图7.3),出口大于进口,生产大于消费。我国是以出口为主的,而发达国家是生产少、消费多。我们是出口顺差,但是排放逆差。这就是发展经济学的基础性问题。

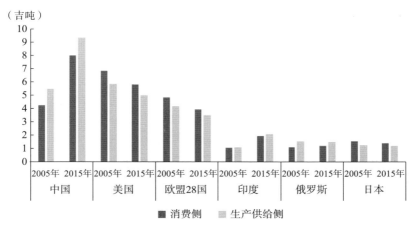

图 7.3 各国经济结构差异导致进出口排放差异

下面四张图（图 7.4～图 7.7）是为了形象地说明在不同国家按照理论碳减排的情况。

图 7.4 是全球的碳减排要求。点状部分是现实已经排放的，浅灰色的部分是无悔减排，深灰色的部分是全世界要实现的碳减排。

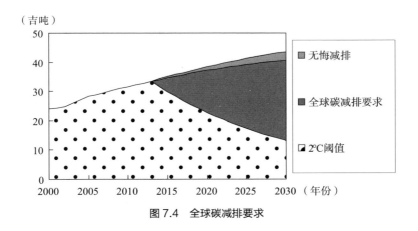

图 7.4 全球碳减排要求

图 7.5 是不同国家碳减排要求。发达国家要做到负排放才能完

成自己的历史使命。发达国家不但不排碳，而且还得中和。中国和俄罗斯挤在中间的缝上，我国碳减排要求很低。

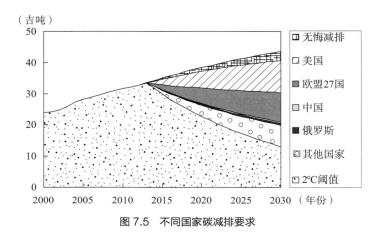

图 7.5　不同国家碳减排要求

以美国为例（见图 7.6），它不仅自己要减排，还需要通过资金和技术援助的方式帮助其他国家实现减排，才能完成自己的历史使命与责任。

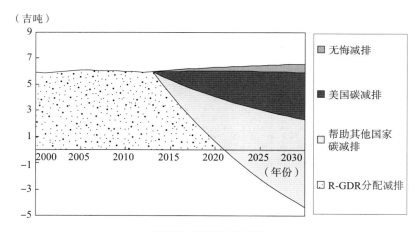

图 7.6　美国碳减排要求

图 7.7 是中国碳减排要求。这都是理论家做的理论假设、通过模型推断出来的结果。理论的理想状态显然是达不到的,但我们可以将此作为一个参照系来对照。

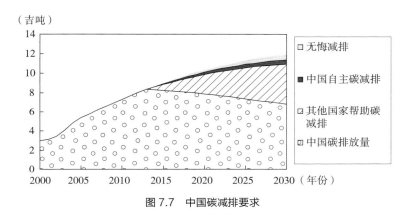

图 7.7　中国碳减排要求

三、中国的发展与《巴黎协定》

作为发展中国家的经济学者,要维护我国的权益,要推动世界更加公平地实现减排责任,推动发达国家做更多的事情。这是发展中国家的问题,是发展经济学的问题,是中国发展的新问题。

中国这四十年来经济确实增长了、社会也确实发展了,2015 年全世界二氧化碳排放量当中我国几乎占了 30%(见图 7.8),比欧洲经济区加上美国和日本的总和还要多。从历史来看,我们的排放仍然很低,从人均看也很低,但是我国已经成为现实中约 30% 排放量的排放者,而且还有增长趋势,那么必须要承担更多的减排责任。特别是从趋势看,如果我国不减排,将来就会排放更多。因此,形势发生了重大变化。图7.9是1990—2019年全球累积二氧化碳排放份额，发展中国家和发达国家的关系已经到了50%对50%了。

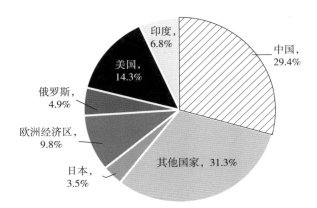

图7.8 2018年全球二氧化碳排放情况

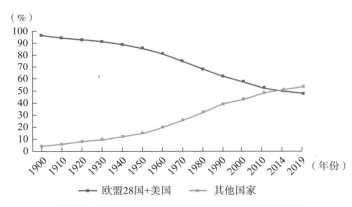

图7.9 1900—2019年全球累积二氧化碳排放份额

资料来源：https://ourworldindata.org/co2-and-other-greenhouse-gas-emissions。

现在世界各国必须在新的条件下发展减排，必须正视现在已经发生的现实问题，而不能躺在历史上不去正视现在的问题。

《京都议定书》把国家分类两类：发达国家和不发达国家。发达国家承担有约束力的责任，发展中国家自愿减排。《巴黎协定》改变了方式，没有给国家设定减排指标，让各国自主提出自己的减排指标。各国自己定，自己去落实。国际上制定的目标是在2050年的时候全球气温争取增长至少不超过2摄氏度，最好不超过1.5摄氏度；2030年世界碳达峰，2050—2060年实现碳中和，接近零排放。我国选择了在2030年碳达峰、2060年碳中和。美国宣布在2050年实现碳中和，也宣布了自己的减碳目标。

现在我们的研究重点，不只是国际争议、国际共同权力，我们要对如何解决减排问题，需要采取哪些政策、对策进行研究。显然，最终的很多问题需要由技术进步来解决，如碳中和问题、碳捕捉问题、碳储存问题都需要很多技术。但是，经济学者认为，没有好的机制、制度、激励或约束无法使人们采取行动。

四、可供选择的政策与机制

作为一个公共产品的供求问题，一定得有政府行动，政府的职能就是解决公共产品问题。如果路灯照明要收费，结果没人出钱买，那就可以成立一个公共委员会，来协商解决收费问题。如果无法实施，就由公共委员会决定收人头税，每人交两元，保证把路灯建起来。政府的职能就是提供公共产品，因此出现公共产品问题的时候，政府必须采取行动，否则市场无法发挥作用。因此，当务之急是尽快制定实现全覆盖的、可核查的或可计算的碳排放限额，包括企业、地区、产业，甚至包括家庭。只有有了这样的指标，我们的很多减碳做法才能实施。

第一,关于交易。碳交易所的交易量为什么这么少?现在没有几个机构单位是有碳指标的,有指标也不是碳指标而是能源指标。碳交易是什么概念呢?每个人都有指标,这个指标要低于前一年的排放量,这样你有动力采取各种措施、新技术和新能源去减排。如果你能够实现减排就有剩余额度可以去卖,而没有实现减排目标的就花钱买指标来弥补自己的不足,从而形成供求。现在多数机构没有指标,迄今为止还没有大规模的碳交易。

在英文里面,碳交易叫作"Cap and Trade","Cap"是帽子,只有存在上限、有额度才会去交易。没有指标,没有限额,就不可能有交易。所以,政府的职能就是制定碳限额,配额制度。碳税也在此基础上建立,即当碳排放超过一定量的时候,就要交税或交更多的税,累积税制就可以用这种方法。当然,各国的碳税不太一样。

第二,给碳设定价格。为什么碳排放要有价格呢?因为碳排放会造成未来的损害。未来的损害要补偿、要清理、要修补是有成本的。因此,要求谁排放,谁来承担修复未来的成本,或者说是弥补损失的成本。总之,碳价的本质是付费。既然谁排放,谁付费,发达国家就应该付更多的费,价格应该更高,因为它们在历史上排放得多。因此,国际上有一种想法,要制定各国价格,比如发达国家是一吨 50 元,中等收入国家是一吨 30 元,落后国家是一吨 10 元,同时也要把前文提到的三个因素考虑进去,包括历史因素、经济结构差异和财务能力。发达国家的碳价应该更高,因为发展国家要承担的成本更大。

图 7.10 是各国不同的税率，瑞典最高，有 168 美元/吨；日本很低，有 2 美元/吨；墨西哥有 1 美元/吨。有些国家没有，比如美国就没有。挪威、芬兰等北欧国家较高。瑞典等国在这个问题上很明确，它们对设立税率的作用很明确，它们基本的立场是税是用来调整公共需求结构的。

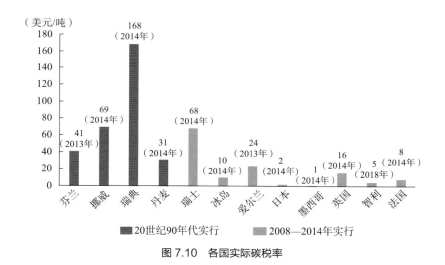

图 7.10　各国实际碳税率

如何实现碳价呢？有以下三个方法。

第一个方法是对排碳行为征税，直接由各国政府自行决定税率。这涉及各国边境调节税差异的问题。欧洲对提出这个问题很谨慎，它们注意到这件事情可能会对世界贸易产生负面影响，可能会产生一些纠纷，它们也注意到发达国家和发展中国家的差异。它们提出的方案是想增加本国人民消费某些产品的成本，让消费者为此付费。但是，因为它们现在是从发展中国家进口这些消费品，因此会损害发展中国家的利益。这个怎么平衡？如果它们真要征税，我们得抢先征税，给产业转型进行补贴，把钱用在我们自己人的身上。我觉得全部的碳排放都应该征税，由政府定一个比较合理的起步价格。

第二个方法是交易。前文提到交易的前提是碳。交易是怎么实现价格的呢？限额越紧、越小，价格越高；限额越松，市场可能越会崩溃。每个人都拥有限额，有的人可以减排快一点，有剩余；有的人减排慢一点，可能达不到目标就有缺口。有剩余的人去卖，有缺口的人去买，双方可以议定价格，这个价格就是碳价格。如果配额太多，供大于求，人人都在卖，没有人买，这个市场就崩盘了。如图7.11所示，2007年欧洲市场崩盘，价格趋于零，因为当时额度太宽松了，只有供给，没有需求。

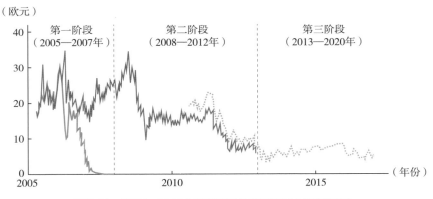

图7.11　2005—2016年欧洲碳排放交易许可（期货价格）

资料来源：ICE欧洲期货交易所。

市场办法就是由供求双方的交易给出一个碳价格。前提就是要控制好额度。

第三个方法是国际之间的碳交易，叫作"碳汇"，用美元进行交易。《京都议定书》当中实行的清洁发展机制（Clean Development Mechanism）中出现了"Development"一词。一看到"Development"就知道是对落后国家提出一种机制来帮助它们减排，这就是碳交易。国与国之间的碳交易，发达国家有额度，有些企业无法实现减排，与其到市场买，价格可能更贵，不如到发展中国家来，因为发展中国家比较宽松，也没有什么额度，发达国家可以花少量钱实现比较大的减排。因此，发达国家就可以把钱花到发展中国家来。用它的碳汇去购买的减排，可以算作它的贡献。

第三，实行对发展新能源的补贴，我们国家已经实施了这个机制。发展新能源的成本较高且没有一定的补贴，无法形成竞争力。分布发电在发展中国家发展现状是各个家庭用太阳能发电，用电池储存晚上自己用，可以自己投资，政府还可以给予补贴。居民能够挣钱，国家也实现了能源的转型。还有一种是对上网电价的补贴，现在风能、太阳能上网电的成本比煤电、火电要低，应该说不需要补贴了。现在中国的问题是如何能够让传统能源把空间让出来，让新能源上网。

第四，绿色金融。这一名词在金融界说得比较多，这是属于企业社会责任的一种。企业要开发绿色、可持续、低碳的项目，赚钱不是唯一目标，这是企业的责任。

五、中国的成就、做法、问题与建议

最后，我们集中谈一下中国的问题。迄今为止，中国是怎么做的，我国有哪些问题，急于解决哪些问题。

我国碳强度不断下降，非化石可再生能源的发展在世界上最大、占地也是最多的。

如图7.12所示，浅色线是碳排放量，深色线是碳强度。生产一单位GDP所需要的碳不断下降，而且下降的幅度比较大。现在生产趋缓，但是总排放仍然在增长，所以我国还没有碳达峰。达峰是指碳排放量到达最高点，从此不再上升，我国的目标是到2030年实现碳达峰。我国的可再生能源的占比也不断提高，目标就是碳达峰和碳中和。

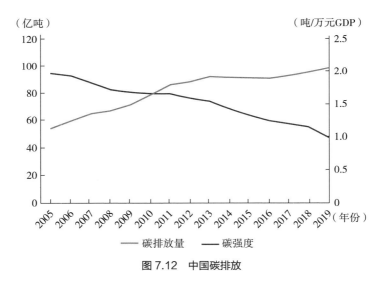

图7.12 中国碳排放

难的是"中和"。中国有以下几个办法。

一是多种树，因为树是吸收二氧化碳的。但是有人告诉我说这个办法不对，30岁以下树龄的树吸收二氧化碳，但是树龄大了也会排放二氧化碳。据说，2018年中国报给联合国的数字是123亿吨，如果现在是120亿多吨，我们至少是150亿吨。现在每年植树大概中和6亿或7亿吨，多种点树就是10亿吨，总排放量为100多亿吨。

二是碳捕捉，全年毛捕捉大概有100万吨，任重道远。

我国采取的政策机制不是税、碳价、碳交易等，而是节能限额、间接减排，控能不控碳。目前各地在关停电厂，说碳排放太多了。如果控碳不控能，让新能源入网也行，但是不控碳控能，新能源也入不了网。所以，要尽快转变成控碳不控能，给新能源发展让出空间。现在新能源弃电率仍然能达到40%~50%，甚至50%~60%。我们有法律要求新能源优先上网，但是在现实当中传统能源是巨大的利益集团，电网和它们都有历史渊源，新能源上网是非常难的事情，当务之急是把空间让出来。

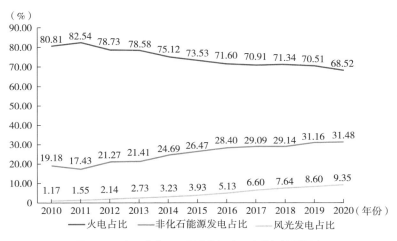

图7.13 中国非化石可再生能源占一次能源比重提高

迄今为止，我国没有采取任何财务激励制度。其他国家都有现实激励、经济激励，我们现在没有税、没有价、没有成本等，这是我们的问题。这不是技术问题，而是激励问题、机制问题。

我国现在还可以做很多事情，前文提到全覆盖发展碳交易，尽快实行控碳不控能。建议实行渐进的碳税制度，从很少的碳税征起，逐步地按一些区域性差异、产业差异等来推进减排进程，进一步优化清洁可再生能源发电优先入网的机制。只要控碳不控能，新能源就容易入网，再用其他的法律措施给予保障。葡萄牙法律规定，只要是新能源就优先上网，传统能源就得让步，它是由法院来判断这件事情的。要将碳捕捉技术尽快纳入国家战略科技研发专项，同时进一步加强这方面的国际合作，在国际上学习更多先进技术和机制政策。欧洲在这方面做得相对好一点，它们很积极，减排的力度也很大，碳达峰也很早，有六七十年的碳中和过程，收碳税的力度比较大，做法也比较多，确实值得我们学习。

中国经济 50 人论坛丛书
Chinese Economists 50 Forum

第八章 "十四五"时期数字经济发展与治理①

江小涓②

---

① 本文根据 2021 年 10 月 14 日长安讲坛第 381 期内容整理而成。
② 江小涓，论坛学术委员会成员，第十三届全国人大常委、社会建设委员会副主任委员，中国行政管理学会会长。

在"十四五"规划中,中央第一次对数字经济发展做了完整的描述。其中的第五篇专门讲了四章内容,对今后五到十年数字经济、数字社会、数字政府和数据市场四个方面做了比较重要的部署,并提出了量化的要求,提到2025年数字经济核心产业增加值占GDP的比重从7.8%提高到10%。虽然这个数字看上去提高得并不多,但是和"十三五"规划相比是明显的增长。如果在"十四五"期间,我们将GDP增长设定为年均5%,数字经济核心产值从7.8%提高到10%,年均增长率达到11.57%,它是整个GDP增长倍数的2.3倍。"十三五"期间,数字经济增长得很快,但是"十三五"的数字核心产业增长率只是GDP增长率的1.3倍,过去五年数字经济占GDP的比重仅从6.90%提高到7.80%,而未来五年,我们要从7.80%提高到10.00%。可以看出来,前五年几乎是一条平线,从 6.90% 到 7.80%,这个比重不算很高,但是从 7.80% 到 10.00% 还是有非常明显的增长(见图 8.1)。

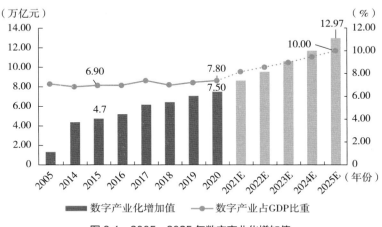

图 8.1　2005—2025 年数字产业化增加值

从大家的直觉感受来讲,数字经济那么活跃,似乎遍地都是,这点增长不是问题,其实背后还有重大的挑战。现在数字消费是主体,数字经济市场规模有多大?我们有一个线上市场规模的概念。从 2010 年开始,线上人数一年增长近一亿;大概到 2018 年末,移动互联网的在线总人数达到 11.4 亿人。中国总共约有 14 亿多人口,除了老人和小孩,基本上都是网民了,也因此网民的人数不再增长了。从上网时间来看,截至 2018 年下半年,移动端上网时长为每天人均 6.1 小时,加上 PC 端,已经超过 10 小时。从国际经验来看,已经到了国际排名非常靠前的人均上网时长了。

2018 年,互联网上网人数和人均上网时长都停滞。2019 年开始暴发了新冠肺炎疫情,2019 年年底到 2020 年 6 月份又有一定增长但很快又回落了，这里面存在一定的规律性。11.4亿人乘6.1小时，每天国民线上总时长将近70亿小时。在互联网空间，无论是社交、搜索、购物、看视频，还是做任何的线上行为都必须在线，所以对于互联网经济消费来讲，国民线上总时长就是互联网消费市场总规模。这个规模已经稳定了8个季度，把新冠肺炎疫情平滑掉以后基本是定数，几乎没有扩张，所以才有互联网大平台纷纷提出互联网时代进入下半场，从消费网络转向生产网络。它们切身感受到当市场不再扩张时，就从增量增长转入存量增长，竞争更激烈、成本更高、成功的可能性更低。那么，下一步互联网经济到底怎么增长？"十三五"期间，线上购物、长视频、短视频、打车、外卖、旅游服务等似乎把消费市场填得很满，到"十四五"时期靠什么增长？这就需要有新的增量出现，这个有很大的挑战，本质还是要依靠技术增长。

按照我们现在的预测，到2025年，互联网数字经济的两部分——产业数字化和数字产业化总和超过GDP的50%（见图8.2）。到那时候，数字经济是增量的主要贡献和存量的半壁江山，它在中国经济中会占据非常重要的位置。

首先，数字技术会创造新增长空间，数字消费部分还有很大的机遇。其次，数字技术会创造全球化新机遇。全球市场内的产业链全面深度的重组过程，会释放出非常大的劳动生产率和新的消费生产机会。

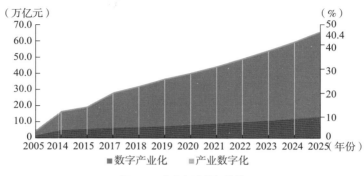

图 8.2 数字经济增长趋势

一、数字技术创造新增长空间

数字技术会创造新的增长空间,一个是数字消费,另一个是数字投资和生产。

(一)数字消费有广阔的增长空间

这主要还是因为 5G 带来的高通量、低延时的万物互联。原来的互联网在空间中主要是传递信息、语音,它传递和行为动作相关的内容在 4G 时代非常困难。而 5G 支持"服务业+数字"会出现百亿级、千亿级的新突破,我们预计数字教学、数字医疗、数字体育、数字文化、数字传媒及智能家居等都会有比较快的发展。

在数字教学方面,传统的远程教学和真实课堂存在一定的差距。在现实教学当中,老师在台上讲,同学在台下听,交流多、随时可以举手发言,特别是工科、医科和职业教育有很多实训、实验、动作要求及行为要求等,在传统的远程教育当中,这些都无法实现。有了5G以后，我们可以在空间中多点互动，可以做实验，可以通过增强现实（AR）技术直接操作，这样的教学才能真正提高教学质量，满足不同类型教学课堂师生互动的要求。5G的线上教学质量水平可以提高很多，比4G线上教学更真实、更实用、覆盖更广泛的教学内容。

在数字医疗方面，在线诊断和治疗变为现实。现在的数字医疗就是远程诊断，低等级医院的医生拿着病人的病情检查报告连线到更高等级的医院，其实就做两件事：一是鉴别诊断，二是治疗建议。但是医生很大程度是需要实际操作的本领的，你能查得出来我查不出来，你能做得了手术我做不了手术，这种远程操作性的互联网空间行为在以前是做不到的。现在借助5G，远程医疗检查变为可能。特别是在智能机械高精尖手术机械的发明和非常好的网络空间共同支持下，远程的治疗和手术变得可行。大家想象一下，互联网手术对网络空间要求很高，不能做手术过程中突然断网了，网络反应有延迟是完全不能接受的。2019年6月，积水潭医院完成了全球首例骨科机器人多中心5G远程手术。

我国的医疗体系改革一直有一个两难选择，对低等级医院的医生加强培训，让他们能做复杂手术当然最好，但是手术毕竟是一个技术活儿。有时候，乡镇医院医生可以做四级手术、五级手术，但只在进修时做过几例，医生和病患心里都不踏实。如果让患者都来高等级医院看病，虽然有医保可以报销，但一个病人需要三四个家人轮班陪同，家庭开销负担是很重的。我们希望有这样一套体系，有非常好的专科医生，集中在一些医院，医生能够通过远程系统给全球或全国的病人看病。

在新冠肺炎疫情时期，发展最快的是智能体育。健身房关得最早、开得最晚，健身房人员很密集，所以这是一个高风险地区。但是健身对有些人是刚需，所以智能体育就有了非常快的发展。美国在很短的时间内超过17%的上市公司是智能体育公司，智能体育变得非常流行。

我对智能体育抱有极大的期待，希望孩子能够活动起来。现在我们自己每天的线上生活、娱乐占用了很多时间，年轻人和小孩子更摆脱不了数字技术带来的诱惑和期待。智能体育的好处是可以把体育活动中身体真实的运动和数字快乐结合起来。电竞游戏有沉浸在数字世界当中的快乐，但是长期久坐在屏幕前是我们非常不愿意看到的。一旦孩子玩游戏上瘾，家长会痛心疾首。因此，对于智能体育项目中能与身体活动结合起来的游戏，我是极力推荐的。

我们希望这些产品的开发使用能让单位线上时间的消费获得感更强，同时为企业带来更多的收益。我们对于这类在5G条件之下的产业发展充满了期待。

现在国际主流组织也开始进入了这个领域。如今到现场看比赛的年轻人数量在大量减少，因为他们更多地选择在线上观看体育比赛。国际奥林匹克委员会认为，在体育项目中，身体动作是第一位的，所以他们一直犹豫是否认可电竞和虚拟体育项目。而在2021年4月22日，国际奥林匹克委员会宣布与5家国际体育机构及游戏发行商合作，举办奥林匹克虚拟系列赛（Olympic Virtual Series，OVS）。这将是历史上首个奥林匹克授权的虚拟体育赛事，主要项目包括棒球、自行车、赛艇、帆船和赛车运动。它既不是电子游戏，也不是电竞，而是我们前文讲的和真实运动机械结合在一起的虚拟体育运动。

除了前文讲到的数字教育、数字医疗、数字娱乐、数字文化、数字体育之外，现在新的数字产品正在大量出现。如今各个城市的网联车、智能驾驶汽车、无人驾驶汽车均在大规模布局。可以说，汽车行业新的革命已经开始了。

在研究数字经济的专家学者看来，它就是一个新的移动终端。在无人驾驶的汽车里，你不需要开车，可以坐着学习、开会、娱乐、健身，这比你持有一部手机能做的事情要丰富得多。汽车的座椅可以设计为多功能的健身椅，新的数字产品一定会提供新的消费场景。

4G 时代到了 2018 年之后，看上去线上数字经济消费增长出现了停滞，但是我们借助新技术突破和物联网连接会有很多新的消费出现，所以我本人对这个问题不悲观，我觉得数字经济消费空间很大。

（二）数字投资和生产快速推进

现在中国的 5G 基站数量占全球的 90% 以上，5G 终端连接用户占全球比重的 80% 以上。只有把更多的基站建起来，我们才会有新的数字经济增长的可能性。

我国数据中心的建设也非常快。2021 年 7 月，工信部印发《新型数据中心发展三年行动计划（2021—2023 年）》中，明确了用 3

年时间，基本形成布局合理、技术先进、绿色低碳、算力规模与数字经济增长相适应的新型数据中心发展格局。现在我国建成的数据中心，用电总量不少。数据中心、5G基站都是数字时代的基础设施，是为数字经济提供所有基础能力的一个行业，不能只是把它作为一个单纯的终端产业来理解它的耗能，虽然说它的发展速度有点过快。总体来讲，我国的数字经济基础建设为这两年的经济发展发挥了很大的支撑作用。

数字化生产代表的是多种类型的产业互联网。产业互联网和消费互联网不同，产业互联网是一个行业性网络，一个行业是一个类型，一个企业是一种类型。建立一个网络来连接几亿人、百万供应商的平台数字消费，在这个行业里面是完全不可能的。所以我们判断，"十四五"期间产业互联网处在起步后的加速阶段，能够像数字消费这样放出量来还是逐渐加速的过程。现在我们有十三类、十四类的产业互联网，用得最多、最常用的有制造业设备管理网络、生产者服务网络、企业内部管理的企业资源计划（ERP）网络、产业链全链网络、全产业生态网络等。

图8.3 消费互联网与产业互联网

产业互联网和消费互联网是不一样的两种网络。近几年，有很多大厂试着做生产互联网，但是目前我们还没看到非常成功的案例。消费互联网是把消费者放在平台上面就行了，主要是往平台输送信息，如点什么餐、要几点送达，传递的都是最基本的信息量。它的架构清晰，核心技术非常成熟，应用门槛很低，发展模式可复制。只要企业有能力在最初阶段把消费者聚焦起来，运营模式是非常清楚的，只要复制一个网站广泛连接到人，就可以形成新的消费模式。而产业互联网以物为主，人机物协同，把无人配送车和设备、供应端等很多东西连接起来，它的应用目的复杂度非常高，每个企业的目的都不同，复制难度大，除非这两类企业原本的流程和产品品质是一样的，复制才有可能。因此，产业互联网应用很专业，如果对这个产业不了解根本无从下手，它的人机物连接会形成新的产业组织，会促进新的产业组织类型的出现。

产业互联网会广泛深度连接形成产业新生态。数字时代的制造业和服务业边界不是很清晰，没有办法切分。它就是制造、服务的全链分工体系，只有把所有过程连接到平台上，这个平台才有可能做一个智能性的多点反馈和连接，最后就会成为全链深度连接成的新产业生态。

总的来讲，产业互联网的特点是从研发设计、供应链、制造到消费的一个完整的连接过程，和这个生产相关的所有人、机、物、信息必须全部上网，这个网才有真实用途。

所以，在"十四五"期间，我们对整个数字经济的放量仍然是在消费端的期待多一点，而生产端则是在起步或者加速阶段，真正放量可能要到"十四五"末期会有一些突出贡献。总之,数字经济在"十四五"期间是要加速发展的,看上去好像需求已经填满了,我们线上的市场规模也不再增加,实际上我们期待的是新技术带来的附加值、密集度更高的新服务需求,给大家带来更多的满足感,也为数字经济带来更多的附加值。

二、数字技术创新全球化新机遇

当前,全球化受到挫折有诸多表现。由于全球化逆转,外部环境恶化,对我国产生了非常不利的影响。但是数字经济在全球化中的表现比各国国内经济的表现都更好一些,数字技术带来的贸易增长快于各国 GDP 的增长,它在全球化中的表现更好。

(一)传统全球化调整回缩

传统全球化是否在回缩调整?这是现在的一些通常说法,对此我们是认可的。全球化是怎么开始的?自 20 个世纪 80 年代初期以来,随着中国市场的开发、东亚市场的开放以及"冷战"结束之后全球环境的改善,更多国家把经济发展放在首要地位。在 20 世纪 80 年代,除中国以外有 40 多个经济体基本上都实行了开放式的快速发展。发达国家发现这些国家开放了,那里的劳动力充足、本国市场很大,为了利用发展中国家的廉价劳动力和市场优势,它们就把原来在本土生产的产品,尤其是离散型制造业零部件中间的简单部分、劳动力密集部分,从发达国家转移到发展中国家,这就是上一轮全球化的过程。经过30多年，制造业全球化竞争有所减缓，多种途径开始调整，有些方面出现了停滞甚至是倒退。

有以下的两组数据可以确认这一点。

第一，总量。全球贸易占全球GDP的比重（见图8.4），这是全球经济整体分工程度的表达。如果全球分工程度很高，国际贸易必然非常活跃，所以全球贸易占全球GDP的比重从20世纪80年代以后一直持续上升。但是到2010年到2019年，全球贸易占全球GDP比重总体上呈下降态势。

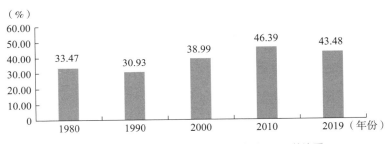

图8.4 1980—2019年全球贸易占全球GDP的比重

第二，跨国公司的跨国指数。从全球最大的25家跨国公司2009年和2016年的跨国指数数据变化（见表8.1）可以看出：2009年，最大的25家跨国公司的海外资产比例超过60%，海外销售比例超过61%，海外雇员比例接近50%，它们的跨国指数已经达到了56.67%，这表示对这些跨国公司来讲，海外市场比本土重要。到2016年，同样是25家最大的跨国公司的跨国指数发生了一些变化，海外资产比例下降近8个百分点，海外销售比例约降低约8个百分点，海外雇员比例约降低约5个百分点，所以跨国指数也约降低约

8个百分点，下降到了50%以下。

表8.1　2009年和2016年25家跨国公司跨国指数

项目	2009年	2016年
企业		
海外资产比例(%)	60.20	52.24
海外销售比例(%)	61.63	53.07
海外雇员比例(%)	46.89	41.26
跨国指数(%)	56.67	48.86

传统的全球化在调整。原因在于中美贸易摩擦、各国相互设门槛，这其中有很多政策性因素，特别是对一些特殊行业、特殊企业来讲都是非常重要的约束因素，但更重要的还是经济基本面上的因素。这些变化背后都是一些最基本的经济因素在发挥作用。

下面选择其中的三个重要因素来分析为什么上一轮全球化会逆转。

首先，分工有边界。前文提到的从全球化开始，发达国家把可以转移的部分产品放在发展中国家制造。任何一个复杂的产品，都可以切分成不同的部件到不同国家生产。但是这个切分是有限度的，越过这个边界以后，全球分工收益就会下降。例如，在汽车行业中，全球化程度最高的几种车型海外制造的重要零部件已经超过100种，产业价值链上的国家数量有 16 个（见图 8.5）。再如，车灯、灯芯放到欧洲制造，灯壳放到中国制造。从技术来讲还能再分工，再把灯壳和灯体组装起来，这是纯粹的拧螺丝行为。随着中国劳动力成本的上升，发达国家有可能把灯体和灯罩运到越南去把它组装起来。但是也会相应跨境成本和国际贸易的交易成本，还有建厂的成本和员工培训成本。如果再细分，有可能成本就会提高，直到超过了收益，所以我们讲每个产品的分工是有合理边界的。

图 8.5　全球汽车产业链上的国家

从 20 世纪 80 年代开始全球产业转移进行了三十年，到 2005 年前后，全球制造业把能想到的节省成本、细分，大体上用得差不多了。到 2012 年之后，20 世纪 80 年代这一波转移分工余地基本上到了边界。

其次，技术变化与全球分工。从"二战"以后，特别是 20 世纪 60 年代以后形成了基本稳定的全球分工态势图。有些国家是初级产品向全球出口安身立命的产业分工模式。石油输出国，特别是海湾国家，它们依靠石油的大量出口来购买所有的消费品和奢侈品，它们的国民就可以在全球化中生活得很好。还有一些国家是以制造业参与全球分工的经济体，最典型的就是中国。我国有两个优势：一是劳动力便宜，可以生产出制造业产品向其他国家出口；二是国家体量大，可以实现大规模生产。规模大的企业单品价格比较低。我国既有劳动力成本的优势，又有规模经济的优势，大量的进口能源原材料在中国加工，利用人力资本优势和规模经济优势，制造出来产品向全球出口，再进口高端设备和高端产品，这就是制造业分工。南美洲国家也在参与全球产业链，但参与的程度相对低一点。北美和西欧是技术和高端设备参与全球分工，它们大量出口技术和高端设备，再从全球进口大量的消费加工制造品和能源原材料。这就是在"二战"以后半个多世纪中形成的全球分工图，这个分工图和技术相匹配，当技术改变以后分工也在快速改变。

一是新能源车的出现。全球石油贸易的一半是用来开车的，随着新能源车的数量在全球快速增长，其对石油贸易的影响会很大。所以，石油输出国一直迫切要调整产业结构。它们看到不光是汽车消耗能源的改变，整体的能源结构都在调整，各国都需要摆脱对海外能源的依存。随着新能源的发展，原来依靠资源类产品，特别是石油出口的全球分工带来的好处就会递减下来，各国对其依赖程度也会下降。

二是机器人，机器人的使用会使劳动力廉价的经济体优势减弱。不论是在美国、中国还是在日本，机器人的价格是一样的，它们在大量地替代劳动力,由此发展中国家的劳动力密集优势会减弱。

三是3D打印。这是分布式制造的过程,小规模、大规模成本没有明显差距,所以它会以分布式生产消解规模经济的优势,机器人会消解劳动力成本低的优势。3D打印比较发达的产业,如助听器产业。助听器原来是由少数几个国家生产向全球出口,现在很多国家在医院都可以摆上一台3D打印机直接生产。因为每个人的耳廓和耳道条件不一样,需要根据3D测量以后打印非常贴切的产品直接装上去,非常好用。所以,它使一些企业的技术优势被消解了。

总的来说,很多技术会使原来的分工基础发生改变,会使分工的必要性减弱。这是第二个重大变化。

最后,在前两点变化的基础上,发达国家的制造业回流和再工业化真正地开始。当美国产品在中国制造的成本只是在美国制造的1/3时,你让产品在美国生产是完全不可能的。如果中国和美国的制造成本相差不到10%,这时候美国公司就会在考虑各种风险抵扣之后将制造过程真的搬回去。有一家中国企业在美国的投资量也很大,和国内招商引资一样,拿着项目到美国各州去谈判,哪里给的条件好就在哪里落地。落地一个工厂,政府给7亿美元补助和劳动力前三年40%的工资补助,所以条件还是非常好的。这家企业领导说由于现在自动化程度提高,劳动力成本在产品中大概只占总成本的5%~7%,比重已经很低了。中美之间员工工资差异是4~8倍,等级低的一线操作工人,中美差距比较小,中美技术员工的差距也在迅速缩小,在中国雇一些高等级的技术人员同样非常贵,竞争很激烈。成本差别只有5%~7%,但是美国员工设备配备得比较好，劳动生产率是中国的 4 倍。另外再加上运输和技术匹配性、中美贸易摩擦带来的不确定性，如果只算经济账，没有必要在中国生产产品再运到美国。由于这家企业是中国本土的乡镇企业，在国内的 20 多家工厂也不能关闭，所以中国和美国两边的工厂都在制造产品。他说，到了现在这个阶段，肯定很多为北美生产的企业要么回国，要么去美国。

（二）数字全球化快速推进

在传统全球化回缩的同时，数字全球化在非常快速地推进。数字化交付主要是服务贸易，比重增长得非常快，已经占据服务贸易的半壁江山。2021 年前两个季度的全球货物贸易和 2019 年相比（2000 年是特例）约增长了 11%，进口出口几乎是同样的。全球第二季度的 GDP 和 2019 年的第二季度相比大体刚刚持平，但是贸易出现了超过 10% 的增长，达到历史新高，再次显示出资源在更大范围内的优化重组配置会带来更大的经济效益增长提升。所以，全球贸易复苏远远走在了各国经济 GDP 复苏的前面。

和传统全球化相比，数字全球化有新的特点。

首先，生产是本源的全球化。前文讲从 20 世纪 80 年代开始是转移性的全球化，原来是海外好的基地更便宜，生产就向海外转移。但是现在的全球化则是全球共生的产品，从设计开始，就在世界各国选择最合适的生产者。

其次，服务业的全球分工开始了。在我还是学生的时候，老师说服务业是不可贸易的行业，它需要生产提供和消费过程同步。例如讲课时，老师和学生坐在一个课堂里面，老师讲完课学生听完课，服务提供就结束了。再如看病，医生和病人同步进行，生产和消费必须同步，这是一个劳务过程。所以，劳务过程就是服务过程，劳务接受过程就是生产过程，劳务无形不可搭载在实体上，也不可储存，所以必须是同步的，所以服务业是不可贸易的商品。在传统卫星电视的条件下，服务变得可以远程传输，维也纳的音乐会在北京也可以同步欣赏，而像制造业那样把一个产品切分在全球不同地方生产，最后组成一个完整产品，在服务业还没有做到过。但是，5G出现以后，它逐步支持服务业的全球分工新形态。

最后，全球合作创新网络出现了。原来我们讲研发是最内敛的，发达国家把研发放在自己手上，把制造分出来，利用技术出口来赚钱。从20世纪90年代末期开始，特别是最近六七年整个创新的全球网络正在快速形成。比如，波音737系列飞机是北美生产的产品，最开始的时候波音737在全球加工的零部件不到其产值的13%。随着全球化发展，它开始往外转移一些部件，如把机尾部分零件放在中国来生产。到了最高峰的时候，波音737的海外产值已经超过了本身产值的1/3左右。

到了波音787系列飞机的时候，它已经不是美国的产品，而是由全世界的工程师一起来设计。在设计过程中，放眼全球，哪个国家可以提供全球品质最好产品，制造就放在哪里，于是，它成了全球共同制造的产品。波音787海外制造的比重随之超过了美国本土制造的比重，所以它是一个原生性的全球产品，和我们原来讲的转移性全球产品的概念非常不一样。

现在的服务业全球分工开始出现。举一个例子，音乐会对时间一致性的要求非常高，我们可以想象，时间延迟一点体验都不好。而在 5G 出现之后，有一个非常有名的实验是由六国音乐家在六地通过网络，合奏巴赫 C 小调前奏曲与赋格。其中第一小提琴在德国、第二小提琴在西班牙、中提琴在蒙古、大提琴在瑞典、钢琴在美国、定音鼓在日本。他们在世界各地，声音同步传递，没有任何延迟。当任何一个地方的消费者听到这首乐曲的时候，一是它的传输总距离超过 2 万千米；二是每位乐手和消费者的距离不一样，近的可能就在消费者的邻国或者本国，远的可能在地球另一边，真是近在身边、远在天涯。这次音乐合奏的实验说明，网络传输的距离不会对时间产生不一致的影响，我们叫它高通量、高保真、低时延的网络传输。

服务业全球分工的意义非同小可，它一定比制造业的影响更大，并且会对全球组织的重新架构、收入分配产生极大的影响。制造业无论技术水平多高，产品总得一件一件生产出来，而服务业在网络空间提供的是复制性服务，它会瓦解很多区域的次级市场，消费者只选最好的，生产者赢者通吃，这个在制造业中几乎不可能出现。

在职业比赛中，我们通常都是喜爱和忠诚于自己的球队，别的更高级的球队和比赛你够不着、看不到，所以你看自己的球队一样开心。但是现在全世界的球迷，包括每天都在看的欧冠、英超，相信在这些顶级比赛播出的时候，去关注当地比赛的人数就会明显下降。从 2012 年以后，欧洲的比赛日收入开始低于线上转播收入。

虽然美国人口众多，体育传统好，但到了2018年，美国前四大职业比赛的日收入也低于线上转播收入。2021年7月，美国国家橄榄球联盟（NFL）十年转播权卖了1 170亿美元，可见转播商对全球线上体育市场的渗透度有多么高的期待。

在这种期待之下，区域次级水平比赛的市场会萎缩，它会使顶级的运动员覆盖全球市场，这是经济学中的"明星现象"。贝利在那个时代足球踢得很好，但是他的年薪只有15万美元。到他退役的那一年卫星电视才开始流行，所以他一场比赛最多只有15万观众。而现在欧冠决赛都是几亿人在线观看，所以C罗、内马尔、梅西的收入就过亿美元。因此，服务业的全球化带来的变化和制造业非常不一样，它将会带来很重要的收入分配、产业组织结构、顶级市场和次级市场关系的变化。

从全球创新来讲，研发是一个企业的核心竞争力，但是在过去十年全球范围内的创新中，多国共创成为趋势。现在技术越来越复杂，技术本身需要的联通越来越多、越来越密切。这种联通性需要多人一起加入、一同创新、一同研发，所以创新变得越来越需要协作。2000年，个人发明和团队发明各占一半，到2010年个人发明大概占1/3，2017年个人发明的比重已经降到32%，2/3以上的发明来自协作创新。现在最前沿的技术多数是多国共同研发技术，它们共同注册专利、共同分享收入。中国在跨国共同研发网络中同样成长得很快。

20世纪80年代，中国共创网络所占比重几乎没有，到了21世纪初有了明显增长，在2015—2017年中国增长速度很快。在20

世纪 80 年代，全球多国共同创新最新技术主要是美国、西欧（不包括德国）、德国、日本。现在这四大家的占比降到 56%，而世界其他国家的占比增长到了 44%，其中有重要的两块，一个是中国，另一个是韩国。我国在全球共创网络中间的贡献也很突出。总的来讲，除了那些被他国垄断的尖端技术，大部分技术的全球网络我国不但能参与其中，而且份额在快速增长。

新产品的迭代也逐渐成为全球化的合作设计。2018 年很有名的一款车是全球 34 个国家的 350 位设计师共同在数字空间同步设计的。设计师全程在互联网空间里画草图，几分钟就渲染出一个新的概念供大家切磋交流。多国设计制造者希望各国对这个产品的接受和喜爱程度达到最大公约数。例如，对于红色，不同国家消费者的喜爱程度是不一样的，各国的文化隐喻也是不一样的。所以，大家会对每一款车的设计进行反复测试，寻找消费者更喜欢的颜色。零部件设计也有这个问题，既要考虑到实用性，也要考虑到形状的接受程度。多国共同创意设计既有效率上的提升，也有文化上的寻求共性，同时还包括很多其他内容。

大数据技术，基本上是全球开源的技术。开源技术就是数字科技开放、技术开放的一个新形态，是全球的设计者可以分布式地接力共享、共创、共用的技术体系。在大数据时代，开源技术已经成为主流。现在世界发展变化得非常快，哪怕你做得技术再精尖，如果不开源、不能广泛应用和获得海量数据，那么效果直接就被打了折扣。

在数字经济时代，整个科技的理念也在迅速调整，开放变成了科学的伦理。本来科学就应该是共享，但在过去变得越来越内卷。当数字时代这个旗帜再次被高高举起，科技开放重新开始发扬光大。

2021年7月，全球科技史上发展的一个重要事件是谷歌旗下的前沿人工智能研发公司DeepMind，用人工智能的方法把人类的蛋白质结构全部测了一遍，画出了人类90%多的蛋白质结构，其工作量相当于此前人类几十年全部工作量的数倍。更有价值的是，这家公司把研究成果做成了一个数据集，向全球的科技界开放，这带来的冲击非常大。我觉得这一定是全球科技发展史上非常重要的事件。在现实世界中，科技的共享、共创在数字时代已经变成了新的技术伦理和新的技术发展模式，谁也无法去抵抗它。

数字技术推动全球产业链全链分工，中国在科研、创新、制造、服务、头部企业等方面都有非常独特的优势。

我国在产业和科学全球创新链的地位变化非常重要。全球信息和通信技术（ICT）产业的全球创新网络，它的节点都是城市，城市是科技人员最密集的地点。我们在全球10大共创网络城市中占有两席，分别是北京和上海。全球科学共创网络，既是国际生物技术集群，也是最前沿的集群。30个共创网络城市中最大的两个，一个是东京，另一个是北京。我国在全球生物科学创新中，在全球顶级期刊原创性的论文发表已经排到了顶部位置，所以中国在产业技术和科学创新链的地位都变得非常重要。

我国现在也有了数字时代的头部企业，工业4.0的灯塔工厂就是数字化智能化程度。世界经济论坛和波士顿咨询评估数字化的全球灯塔工厂，原来是54家，现在评到了100多家。在灯塔工厂中，中国占了30%，我国第一次在全球领先的企业中真正走到了第一方阵，美国、日本、法国、德国都没有占到10%，这体现了智能化配置程度的高低。在中国这些企业中，跨国公司占50%，本土企业占50%（见图8.6）。我们对中国企业在新一轮数字全球化中走在前沿走向高端，既自强自立又分工合作，获得更多全球化收益有足够信心。

工厂名称	所属行业	工厂地址	公布时间
阿里巴巴犀牛智造	科技公司+服装行业	中国	2020年9月
美光科技	半导体存储器行业	中国	2020年9月
美的集团	家电行业	中国	2020年9月
联合利华	家化行业	中国	2020年9月
宝山钢铁	钢铁制品	中国	2020年1月
福田康明斯	汽车行业	中国	2020年1月
海尔沈阳冰箱互联工厂	电器	中国	2020年1月
强生 DePuy Synthes	医疗设备	中国	2020年1月
宝洁	消费品	中国	2020年1月
潍柴	工业机械	中国	2020年1月
上汽大通C2B定制工厂	汽车制造	中国	2019年7月
丹佛斯商用压缩机工厂	工业设备	中国	2019年1月
富士康	电子设备	中国	2019年1月
博世	汽车零部件	中国	2018年
海尔中央空调互联工厂	家用电器	中国	2018年
西门子工业自动化产品	工业自动化	中国	2018年

图8.6　54家数字化灯塔工厂中的中国境内企业（截至2020年9月）

总结一下，传统全球化确实是在停顿，这里面既有经济背景问题也有各国政策调整问题，但是基本面还是经济问题。在传统全球化回退的同时，数字全球化在快速发展。原来全球化不论是产品出口还是生产链条，主要在制造业领域，而新一轮全球化包括了科学、技术、制造、服务，所以我们讲数字全球化是全链全球分工的全球化，其进展非常快。我们一定要对它带来的全球资源配置和给各国带来的增长机遇有充分地理解。

并且我们一定要看到，数字经济的发展在中国有很多有利条件。中国的市场非常巨大，数字时代和实体经济时代最大的不一样，就是任何一个产品都可以在数字空间中复制应用，它带来的巨大实力是无法形成竞争的。企业的创新活力非常强，数字全球化也带来了新的机遇。全球范围内的要素在优化重组，科技和产业效率在提高，越是大范围的重组，效率提高越明显，和差距大的人去交换，双方的得益和剩余都最高。所以，一定要开放，一定要去全球重组资源，从全球获得技术资源，才能形成我们自己的强竞争力，也才能集中人力财力，集中力量攻克那些"卡脖子"技术。

中国经济 50 人论坛丛书
Chinese Economists 50 Forum

第九章　新发展阶段的中国制造业发展新格局[①]

黄群慧[②]

---

① 本文根据 2021 年 10 月 21 日长安讲坛第 382 期内容整理而成。
② 黄群慧，论坛特邀专家，中国社会科学院经济研究所所长。

习近平总书记指出，进入新发展阶段、贯彻新发展理念、构建新发展格局，是由我国经济社会发展的理论逻辑、历史逻辑、现实逻辑决定的，三者紧密关联。进入新发展阶段明确了我国发展的历史方位，贯彻新发展理念明确了我国现代化建设的指导原则，构建新发展格局明确了我国经济现代化的路径选择。

围绕这个主题，以下探讨三个问题。

第一个问题，什么是新发展阶段。我称之为"两个大局观下的新发展阶段"，我不想用一般文件语言去诠释中国现代化进程进入新发展阶段，而是想从百年未有之大变局、从中华民族伟大复兴的战略全局这两个视角来诠释新发展阶段。

第二个问题，新发展阶段必须关注新发展格局。构建新发展格局，它的关键和本质特征是什么，为此我们做过一系列深入研究。

现在学术界对这个问题研究得很多，我认为，可能并没有强调到真正关键的本质所在，在这里面我主要想谈一点我们的研究。

第三个问题，聚焦到最终主题，也就是在构建新发展格局中，制造业是关键。谈谈"十四五"时期的中国制造业发展会面临什么格局。

一、两个大局观下的新发展阶段

我们如何理解现在所说的百年未有之大变局？我觉得可以从四个层面来诠释。

第一，全球金融和宏观经济治理出现严重困局。全球金融危机爆发后，债务问题一直是宏观经济研究的最核心议题。新冠肺炎疫情暴发以来，随着各大经济体不断推出大规模财政刺激，政府部门杠杆率再创新高。根据历史经验，新冠肺炎疫情的宏观经济后遗症会持续数十年，利率水平会大幅下降，量化宽松会导致贫富分化加剧，全球经济困局越发严峻，全球宏观经济治理进入未知领域，"二战"以来形成的全球宏观经济治理框架面临着巨大的挑战。

第二，科技和产业创新呈现出加速"革命"新局。2008年以来，全球都在寻找新的经济增长点，这就是新一轮科技和产业革命。如今全球经济还是新平庸时代，经济亮点不明显，全球经济增长基本在2%~3%。上一轮科技革命，尤其是产业革命，在一个相当长的时期推动了世界经济的高速增长，现在看来，新的高速增长还没有出现。新冠肺炎疫情以后，不论是商务办公还是社区和政府治理，包括生产性服务业、生活性服务业和生产制造，都在信息革命、数字革命、数字化技术的推进下加速发展。如云服务、在线办公，以前我们在线召开会议很少用，现在基本成为常态。现在的网络疫情管控、社区隔离、健康扫码等，这些都是前所未有的。现在生产制造中的机器人的应用越来越广泛。这些是实实在在的产业变革，同时也变成了实实在在的经济增长。不管是工业互联网也好，还是云制造平台，现在都得到了广泛应用，这是百年未有之大变局的第二个方面的体现。

除了智能化和信息化技术以外，还有另外一个大变化——绿色化革命。应对气候变化和碳减排是人类需要共同解决的问题，这已经在全球达成了共识。习近平总书记提出，到2030年实现碳达峰、2060年实现碳中和的目标，短期来看对经济增长和减少碳排放是有压力的，但是这个目标必须要达到。应对气候变化和碳减排问题，既是全球共同采取行动直面挑战、加深国际合作的重要领域，也是建设人类命运共同体的一个基本要求。中国2019年碳排放总量达98.25亿吨，占世界总量的28.8%，而中国人口约占全球人口1/5，中国GDP占全球GDP的比重只有17%多一点。从碳达峰到碳中和，中国只有30年的时间，而欧美等发达国家一般都经历了50～80年的时间，中国碳减排曲线会更陡峭。是否能实现的关键还在于技术革命的革命性力量。总之，新一轮的科技和产业革命至少是两大方面趋势，一方面是信息化、数字化和智能化，另一方面是绿色化。

第三，生产和贸易的实体经济面临重大变局。由于全球经济治理困局加上技术变化，生产和贸易的实体经济面临着重大的变局。这就是我们经常提到的全球化遭遇强势逆流，直接体现在产业链和供应链上，使产业链和供应链都面临调整，或者说需要重新布局、重塑产业链和供应链。重塑产业链和供应链让实体经济发生了重大变局，根源还是要追溯到全球化遭遇逆流。国际金融危机以来，尤其受新冠肺炎疫情冲击，保护主义、单边主义、霸权主义来势凶猛，全球化遭遇强势逆流，全球生产分工的内化趋势明显，全球价值链呈现出区域性和本土化的特征，国际环境的不定确定性、中美贸易摩擦、新冠肺炎疫情等外部冲击正在重塑全球产业链，一方面，在纵向分工上趋于缩短；另一方面，在横向分工上趋于区域化集聚，各国更多开始强调自主可控，选择转向"内循环经济模式"，全球产业链面临重构的巨大风险。

具体而言，例如，以前我们与WTO谈判WTO的条款不太适合数字经济，现在数字经济的占比越来越高，所以WTO需要变革。再如，现在拜登政府推出全球最低15%的所得税税率，会极大影响企业在全球生产环节布局的区域选择。以前哪个地方的税率低，企业就会把它的总部甚至关键税源地设在哪里，因为当地有税收优惠。现在设立了全球最低15%所得税税率就避免了这种情况，避免相互靠低税竞争来拉企业。现在有100多个国家和地区在签署这个协议，这也会影响我们的产业链。

第四，百年未有之大变局体现在国际力量对比步入了深刻调整格局，这个格局最典型的变化就是经常提到的中国的和平崛起，也就是"东升西降"，中国成为世界第二大经济体。2016年中国GDP

占全球的比重为14.84%，到2019年占到17%以上。我认为GDP的总量变化还不能很好地反映中国力量的崛起。如果从制造业的角度看，中国自2010年以后，就是世界第一制造大国。单纯从制造业增加值来看，我们的制造业已经实现了伟大复兴。1750年，中国制造业占比是全球的30%，后来由于我国错失了工业革命的机会，中国沦为落后的农业国。中华人民共和国刚成立时，我国的制造业处在低谷状态。中华人民共和国成立70多年来，尤其是从2010年以后，中国的制造业增加值成为全球第一，到2019年我国的总量是美国、日本和德国三国之和。虽然我国的量很大，但是并不强，一些基础的技术我们还不具备。现在我们有完整的制造业产业链，这对我们的国际地位和国际影响力的作用非常大。制造业是强国之基、兴国之器、立国之本，尤其对大国来说制造业的地位非常重要。

综上所述，百年未有之大变局，至少可以从宏观经济治理、科技进步、实体经济和国际力量对比四个层面来看到这种变局。接下来的问题是百年未有之大变局会对中国的发展产生什么影响？一方面，中国的发展本身就是百年未有之大变局的一个方面；另一方面，百年未有之大变局作为一个外部环境对中华民族伟大复兴的战略全局有巨大影响，所以要统筹这两个大局。

中华民族的伟大复兴是什么过程呢？2017年，党的十九大提出两个一百年奋斗目标的规划，2020年7月1日，习近平总书记宣布我们实现了第一个百年奋斗目标。2021—2050年是新发展阶段，这个阶段我们要分两步走：第一步是到2035年基本实现社会主义现代化；第二步是到 2050 年建成富强、民主、文明、和谐、美丽的社会主义现代化强国，这是我们的战略全局。这个战略全局从经济增长角度来说有几个关键节点，分别是"十四五"时间节点、2035 年和 2050 年。

2020 年，中央提出《中共中央关于制定国民经济和社会发展第十四个五年规划和二〇三五年远景目标的建议》，对 2035 年节点目标说得很详细，从经济数据来看，有一个非常关键的数据：人均国内生产总值要达到中等发达国家水平。这句话是邓小平同志最早提出来的：我们要实现中国式的现代化，到 2050 年人均国内生产总值要达到中等发达国家收入水平。第一个百年奋斗目标已经提前实现了，我们又把这个目标规划提前了 15 年，人均国内生产总值到 2035 年就达到中等发达国家水平。

"十四五"时期的经济增长是什么样子？基于劳动力、资本、技术，2020 年我们做了 2020—2050 年潜在增长率预测，最后预测结果是，2020 年潜在增长率是 6% 左右，然后逐年下降，直到 2050 年能保持在 3.3% 左右。

第一个是在"十四五"期间，我们预测经济大体能保持年均 5.5% 左右的增速，至少是 5.0%，如果经济能实现这个潜在增速，我们在 2025 年之前会跨越"中等收入陷阱"，现在来看中等收入门槛应该是人均 12 300 美元左右，只要人均 GDP 达到 12 000 美元以上，就是从中等收入国家进入高收入国家，这是第一个关键节点。

中等收入陷阱叫"陷阱"，是因为"二战"以来大多数国家都没有跨越这个陷阱。真正成功地成为高收入国家和地区的只有十几个经济体,所以说它是一个陷阱。对于有着 14 亿多人口的中国,能够跨越中等收入陷阱是非常伟大关键的一步。到 2035 年,我们要达到中等发展国家收入水平,人均 GDP 需要达到 23 000 美元以上。按照测算,在未来 2025—2035 年中国经济还有 4%~5% 的潜在增长率,实现了这个潜在增长率,中国就有可能实现这个目标,到 2035 年,按照汇率算,我们有可能成为全球最大的经济体,人均国内生产总值达到中等发达国家水平。在 2035—2050 年,我们若是实现了 3.3%~4.0% 的潜在增长率,我们的人均 GDP 还会比 2035 年再翻一番,最终建成社会主义现代化强国。

我想把两个大局结合到一起来谈。这个新发展阶段是在未来 30 年实现中华民族伟大复兴或者叫作实现建设社会主义现代化强国,是实现中国现代化最关键的冲刺 30 年。这 30 年要跨越三个节点,分别要跨越中等收入陷阱、达到人均中等发达国家水平、实现我们的最终目标,从而建成富强、民主、文明、和谐、美丽的社会主义现代化强国。我们确确实实从经济发展角度、从人均 GDP 水平看到了一个新阶段。百年未有之大变局变化很大,从中华民族伟大复兴来看,双方统筹在一起将会是一个新发展阶段。

这是我谈的第一个问题。我们理解的新发展阶段,新阶段环境在变,内部条件也在发生变化,在这种情况下,需要新的发展战略。2020 年 4 月,习近平总书记在中央财经委员会第七次会议上提出构建以国内大循环为主体、国内国际双循环相互促进的新发展格局。这个新发展格局,是作为新发展阶段的现代化战略而提出的。

二、新发展格局的关键与本质特征

百年未有之大变局，经济全球化遭遇了强势逆流，我们以前的经济发展模式已经不太适应了。由于新冠肺炎疫情的影响，全球市场萎靡。中国到了新的发展阶段，也有很大的市场优势，在这种情况下，我们提出以国内大循环为主。所以"十四五"规划专门把形成强大国内市场，构建新发展格局作为关键点。

新发展格局不只是要适合国内市场的发展战略，"十四五"规划的前言说得很明确，它是整个新发展阶段的整体战略。从2020年5月提出"新发展格局"这个词以后，刚开始，学界对它的认识还不是很深刻，多用"双循环"替代"新发展格局"。我个人认为，用"双循环"去概括新发展格局或标识新发展格局是一个误判，或者在很大程度上是错误的表述。因为我们提出来的"新发展格局"是以国内大循环为主体的，而"双循环"没能体现出是以国内大循环为主体这层内涵，所以我认为这是一种错误的理解。"双循环"这个词很有号召力，表述起来也朗朗上口，但是内涵上丢掉了一大块。

还有一个问题，单纯按照数量来看，我们早就是以国内大循环为主体了。2006年，我们的对外依赖度是67%，到现在已经降到了32%。另外，既然强调以国内大循环为主体，是不是就忽视了国际国内双循环相互促进？国内学者特别喜欢用"双循环"，而国外学者理解"新发展格局"是中国在主动与国际脱钩，因为你是以内循环为主体。实际上他们是忘了我们后面那句话：国际国内双循环相互促进。在 2021 年，知网上搜索到含"双循环"这个关键词的学术文章的数量达到 2 848 篇，而提到"以国内大循环为主"的有 65 篇，提到"新发展格局"有 40 篇，说明大家都喜欢用"双循环"。但是，我认为这是错误的表述或只表述了新发展格局内涵的某一个方面，它很难全部概括。另外，我们也不能错误地把以国内循环为主体和与国际脱钩联系在一起，这样又把"双循环相互促进"这层内涵丢掉了。实际上，直接提"新发展格局"就可以了。

新发展格局是一个经济现代化战略和路径，这实际上是对我国长期以来依赖低成本出口导向的工业化战略修正。改革开放以来，中国的经济发展得益于出口导向的工业化战略，我们通过出口导向工业化战略获得贸易利益、规模经济、技术外溢效应，实现了经济赶超，但这种战略存在受国际市场波动影响、外资依存度过高、经济安全风险大、关键核心技术受限、产业结构转型升级压力巨大、内需亟待开拓等问题，到一定阶段只有从外向型经济转向内需增长型经济、积极推进产业转型升级、挖掘内需潜力，最终才能真正越过中等收入陷阱成为高收入国家。

另外，新发展格局要以国内大循环为主体，我国现阶段也具备了这样的条件。2019 年，我国 GDP 总量已经接近 100 万亿元，是世界第二大经济体、制造业第一大国、商品消费第二大国，已经形成了超大规模的大国经济基础。

从生产供给的角度看，我国具有最完整、规模最大的工业供应体系，拥有 39 个工业大类、191 个中类、525 个小类，成为全世界唯一拥有联合国产业分类中全部工业门类的国家。我国的产业链、供应链和消费市场具有满足规模经济、集聚经济要求的条件，具备以依靠国内经济循环为主的经济效率基础。

从消费需求的角度看，我国具有规模广阔、需求多样的国内消费市场。2019年，中国约有14亿人口，人均GDP达到了1万美元，中等收入群体规模全球最大（如果把人均收入在中间收入组水平以上住户作为宽泛的中等收入群体），有5亿～7亿人口。

为什么"双循环"不能概括新发展格局的内涵？习近平总书记提出"以国内大循环为主体，国际国内双循环相互促进"的目标要求后，又专门对新发展格局做了非常全面的阐释，其中有关键的两点，一是新发展格局的关键在于经济循环的畅通无阻，二是新格局最本质的特征是实现高水平的自立自强。

为什么用"循环"这个关键词来谈经济新发展格局？"循环"一词是一个很全面，或者说是经济活动表示的本质范式。经济活动本质是一个基于分工和价值增值的信息、资金和商品（含服务）在居民、企业和政府等不同的主体之间流动循环的过程。2018年，中央经济工作会议提出的经济工作的八字方针——"巩固、增强、提升、畅通"，其中"巩固"的是"三去一降一补"的成果；"增强"的是企业活力，"提升"的是产业链的现代化水平，"畅通"就是畅通国民经济循环。我认为，新发展格局是在新条件下的供给侧结构性改革的一个深化和拓展，是在国际循环遭受逆全球化影响，在全球需求萎靡的背景下提出的新发展战略。

为了能够反映新发展格局的本质，我搭建了一个构建新发展格局的"阶段—模式—动力"三位一体的逻辑框架。

首先，基于现代化阶段论，构建新发展格局是中国社会主义现代化进程进入新发展阶段的必然要求，是与新发展阶段相适应的经济现代化路径。如果基于罗斯托现代化"六阶段"划分，新发展阶段意味着中国社会跨越了传统社会，为腾飞创造前提，实现了腾飞，完成了向成熟推进，便开始从大众高消费转向对生活质量追求的现代化阶段。把腾飞前准备、腾飞和向成熟推进这三个阶段界定为经济高速增长阶段，而大众高消费和对生活质量追求这两个阶段可认为是高质量发展阶段，新发展阶段意味着中国已经实现了从高速增长向高质量发展的转变，步入高质量发展阶段。如果基于传统工业化"五阶段"的划分，新发展阶段意味着中国开始从工业化后期向后工业化阶段过渡，这个新发展阶段是新型工业化、城镇化、信息化和农业现代化"同步发展"的高质量工业化阶段。

其次，基于经济现代化模式论，构建新发展格局是中国基于自身资源禀赋和发展路径而探索、以自立自强为本质特征、突破核心技术的依附性、具有替代性的一种现代化模式。按照格申克龙的大突破理论，一个国家现代化利用后发优势，探索适合自己国情的经济现代化模式，要具有替代性，要对先进国家经济现代化模式的相应内容进行替代。对于我国而言，低成本出口导向的工业化战略虽然利用了先进国家的经验和技术后发优势，但也会产生对先进国家在技术、贸易和资本等方面的依附，其全球生产分工地位往往也被锁定在价值链中低端的后发劣势。如果不能有效地通过自主技术创新有效突破这种依附关系，其现代化经常有可能停滞或被完全中断。所谓"中等收入陷阱"在一定程度上也正是这种依附关系不能突破的一种体现，或者说必然结果。

所以，我国现代化模式的核心战略需要突破以前的低成本或基于低成本模仿性创新的局限性。我们需要突破没有核心技术的后发劣势，突破对国外核心技术的依附性，开创新的新发展格局。新发展格局的本质特征在于高水平的自立自强。从以低成本出口为导向的工业化战略，利用后发优势的战略转变为一个以高水平自立自强为核心，突破对核心技术的依赖性，避免我们后发劣势的新战略，这就是它的本质特征。

最后，现代化的动力来自哪里？基于经济现代化动力论，构建新发展格局是要充分利用大国经济优势，实施以创新驱动经济循环畅通无阻的经济现代化战略。我们是大国经济，要利用大国经济优势自主创新，驱动整个经济循环的畅通无阻，要以国内大循环为主，依靠创新驱动实现高水平自立自强，从而进一步实现构建新发展格局。例如，芯片是核心技术，我国的依附性很强，其他国家会"卡"我国的"脖子"。实际上不仅是芯片，我国基于低成本的出口导向工业化战略，形成的整个产业基础都是短板。以制造业举例，十大先进制造业中，工业核心零部件、关键材料、先进技术基础和行业共性技术基础大概有682项是"卡脖子"，绝不仅是芯片问题，每个芯片前后甚至就是一个产业链，所以急需我们去逐个突破。

一个核心是要找到动力，或者还需要找到新的比较优势。如果之前后发优势是低成本的劳动力，现在看来，大国经济是我们新的比较优势，要基于这个比较优势来寻找创新点。西蒙·库茨涅兹在《各国的经济增长》一书中按人口将所有样本国分为22个大国和35个小国,实证分析结果是在同样的人均国内生产总值水平下,大国工业尤其是制造业占比份额比较大。霍利斯·钱纳里等在《发展的格局:1950～1970》一书中揭示了大国和小国在发展格局上的差异:虽然大国和小国在发展格局上可以归结出许多不同点,但大国经济发展的最一般的特征是人口众多、市场容量巨大,可以体现出更多的内向化的倾向。这些都说明了我们可以基于超大规模经济的大国优势来寻求以内循环为主体的创新优势。

国内大循环已经是主体,我为此做过一个复杂的计量分析。基于GDP的分解,2014年中国GDP为10.398 650万亿美元,依赖于国内循环的GDP为9.389 700万亿美元,占比为90.30%;依赖于国际循环的GDP为1.008 950万亿美元,占比为9.70%。从国际比较的角度看,依赖于国内循环的GDP占比中国排在第5位,仅低于美国、巴西、日本、印度,但高于韩国、英国、德国等国家。实际上,新发展格局强调的国内大循环为主体,不是指GDP在数量上主要来自国内循环,而是指经济增长在质量上依靠国内经济循环,这至少有三方面含义。

第一,新发展格局是以高水平自主创新为主,驱动经济循环畅通无阻的发展格局。当然,我们要坚持高水平对外开放,在国际相互交往中促进自己的自主创新,而不是封闭起来自主创新。科技创新,没有国际交流肯定是不可能的。

第二,新发展格局是以持续扩大内需为主的不断做大经济循环流量的新发展格局。

第三,新发展格局是发挥国内大循环主导作用的国内国际双循环相互促进的发展格局。这个双循环一定是国内大循环在起主导作用。以往我们通过中国进出口商品交易会（广交会）、中国国际进口博览会出口，我国要发挥自己的大市场优势，依靠内需扩大的市场，为全球经济带来动力。

总之，以国内大循环为主，绝不能仅停留在数量上，而应该重视以上这三个层面的要求。构建以国内大循环为主体，国内国际双循环相互促进的新发展格局，关键在于经济循环要畅通无阻，本质特征是高水平自立自强。以上分析就把这三句话的逻辑性梳理清楚了。

构建新发展格局，畅通经济循环，关键是完善内需体系。这要求从以下四方面着手。

第一，加快完善社会主义市场经济体制，深入推进要素市场化改革，加快构建统一开放、竞争有序的现代化市场体系。这包括深化国有企业市场化改革，正确处理产业政策与竞争政策的关系，中国要通过更大范围、更高水平的市场开放努力营造国际一流营商环境，积极探索生产要素市场化配置的体制机制以及加快建设现代化流通体系等。

第二，加快完善科技和产业创新体制机制，提高金融服务实体经济能力和高质量实体经济供给能力，加快建设创新引领、协同发展的现代化产业体系。这包括深化科技和教育体制改革，完善科技创新体系建设；深化产业创新体制改革，提升产业基础能力和产业链水平，攻克"卡脖子"技术问题；深化金融供给侧结构性改革，切实解决"脱实向虚"结构失衡；把握智能化、高级化、绿色化和服务化的产业转型升级方向，不断推进产业创新和产业融合；加快推进新型工业化和新型城镇化进程，加快新型基础设施建设等。

第三，坚持和完善社会主义收入分配制度，切实提高居民收入水平，建立和完善体现效率、促进公平的收入分配体系。这包括正确处理国家、企业和个人之间的关系；坚持就业优先的政策导向；健全通过劳动、资本、土地、数据、技术等生产要素获取报酬的市场化机制；继续推进减税降费，加强对居民收入的减税、退税力度；加大再分配力度，健全以税收、社会保障、转移支付等为主要手段的再分配机制，大幅度提高基本公共服务水平和均等化水平，促进共同富裕。经济合作与发展组织数据表明，在一个国家进入高收入阶段后，再分配把平均基尼系数缩小了35%。

第四，加快完善促进消费的体制机制，挖掘国内消费潜力，在新型城镇化中加快消费转型升级、塑造新型消费体系。这包括积极推进新型城镇化进程；构建政府自身消费与社会性消费、公共消费与居民消费、公共消费与公共投资三方面平衡的消费体系，合理增加公共消费，依托公共消费带动居民消费增长；加快新型消费基础设施建设，多措施大力促进消费数字化转型；加快完善有利于新型消费体系建设的体制机制等。

这里值得强调的是，扩大内需不仅是消费，投资也很关键。中国的经济增长一直是靠投资驱动，但是投资的效率已经越来越低，一定要从以投资为主转向以消费为主。但并不意味着未来新发展格局不需要投资，投资一定是有效投资，我国需要重点投资民生领域，解决社会发展不平衡问题，包括新冠肺炎疫情以后发展公共卫生和医疗体系建设等。升级型就是我们说的创新和产业升级，三新是指新业务、新产业、新模式等。

这里我想引申说一下升级型投资。有些人说中国是"基建狂魔"，主要是靠基建促进经济增长。未来基建正从传统基建转向新型的基础设施，叫作"新基建"。所谓新兴的基础设施建设，包括七大领域，有5G、大数据、人工智能、工业互联网、特高压、新能源和高铁。这些在"十四五"期间有匡算，需要30万亿元以上的投资，再加上新冠肺炎疫情等一系列因素的冲击，所以投资对于未来经济增长的拉动仍然很重要。但是这并不意味着新基建仅是七大领域。新基建至少有两方面内容，一是新型基础设施是新型工业化的基础设施，所谓新型工业化则是在传统工业化的基础上叠加了信息化、数字化、网络化、智能化、绿色化等要求，是新一轮科技和工业革命的信息技术、智能技术、新能源技术等产生和应用的结果。新型基础设施既包括新一代智能化、信息基础设施和新能源基础设施，也包括传统基础设施的信息化、智能化、绿色化改造后的设施。二是新型基础设施建设要支撑高质量城镇化战略，新基建一方面是指布局全新的信息化、智能化、绿色化的城市基础设施；另一方面是指利用新一代信息技术和绿色技术与交通运输、能源水利、市政、环保、公共卫生等传统城市基础设施进行融合，同时还包括建设城市群、都市圈的城市之间交通、信息等基础设施及各类其他公共设施。

强调新发展格局，它的核心在于"十四五"期间非常强调统筹发展和安全，甚至把安全问题放在很高的位置。低成本出口导向工业化战略,没办法保证安全。要强调国家安全体系、经济安全、社会安全等一系列内容。新发展格局强调高水平的自立自强,要解决"卡脖子"问题,保证我们的经济安全。除此之外,"十四五"规划也强调粮食安全、能源安全等。

三、"十四五"时期中国制造业的发展

制造业发展的关键是创新。"十四五"规划把创新放在最前面,中国的创新能力这些年增长很快,创新指数从2005年的100快速增长到2019年的将近300。但是,科技创新能力不适应高质量发展要求是我国经济发展的"阿喀琉斯之踵"。

从创新人才来看,2018年,按折合全时工作量计算的全国科技研发人员总量为每年419万人,稳居世界第一位,但是自然科学领域的诺贝尔奖,迄今为止我国只有1人次获得;日本企业中高级技能工人占比为40%,德国高达50%,我国高级技能工人占比仅为6%。

从研发投入来看,2019年,全国共投入研究与试验发展(R&D)经费22 143.6亿元,研究与试验发展经费投入强度为2.23%,比上年提高0.09个百分点。全国基础研究经费为1 335.6亿元,比上年增长22.5%,所占比重分别为6.0%。但是,发达国家这一占比一般在15%以上。所以"十四五"规划提出"基础研究经费投入占研发经费投入比重提高到8%以上"。另外,我国科技创新体制机制还有待完善,尤其是对重大的具有前瞻性、战略性的科技项目和

产业关键核心技术还缺乏前瞻性、科学性评估制度，缺乏微小"卡脖子"技术环节的有效的攻关体制。作为跨越产业化"死亡之谷"，实现科技和经济联通的桥梁的科技服务体系还比较落后。

从产业发展看，这次"十四五"规划强调坚持把发展经济的着力点放在实体经济上，坚定不移地建设制造强国、质量强国、网络强国、数字中国，推进产业基础高级化、产业链现代化，提高经济质量效益和核心竞争力。要提升产业链、供应链现代化水平，发展战略性新兴产业，加快发展现代服务业，统筹推进基础设施建设，加快建设交通强国，推进能源革命，加快数字化发展。

产业发展有很关键的两点：一是实体经济，二是制造强国。我认为实体经济最核心的是制造业，但是能源、建筑、农业也算是实体经济，这是一般意义上的定义。我们也可以把物流、科研服务包括在实体经济里，这是最广义的定义。但是在第三产业里面一定要剔除金融和房地产，实体经济对应的虚拟经济就是金融和房地产。房地产中已经剔除建筑业了，所以说房地产本身就是金融的衍生工具，它完全依靠金融支持。

现在的问题是，这些年虚拟经济的占比越来越高，实体经济无论是最核心口径的制造业还是最大口径的实体经济的占比都在下降。现在占比最高的虚拟经济占到15%左右，金融增加值占到8%以上，超过了美国金融危机时的占比。金融业的增加值占全国GDP的7.8%，所以我国这个比例还是非常高的。

这些年来，中国的制造业和服务业之间有很大的变化，制造业的占比逐年整体下降，而服务业的占比上升。我们认为总体合理，因为一个国家在现代化进程中,第三产业占比越来越高,第二产业占比越来越低是一个正常的过程。但是问题是制造业的占比下降较快,2011年制造业的占比是32%,到2020年下降到26%多,短短10年甚至不到10年就下降了约6%。和全球比较,制造业下降6%~7%需要几十年甚至更长的时间。制造业的占比问题是好是坏,理论界的争议很大,有人认为,制造业本来就应该转换和占比下降。

现在制造业和服务业也在融合,形成制造业服务化或服务型制造业。这就有一个统计的问题,哪些属于制造业?企业原来做制造业,统计为制造业,但是现在承包的服务越来越多。如果企业只做销售设计,把制造环节包出去,这时候它就变成了服务业。很多制造业把原有归到别的地方的服务环节收回来,统计为服务业,所以也和这个有关。另外,服务业的价格也存在统计问题。但是对我们来说,现在中国的制造业规模仍然很大,但是还缺乏最核心的制造业关键技术,所以必须从大到强去转变。

正是因为这个原因,2015年国家提出建设制造强国,布局了"五大工程""十大领域",其作用比较明显。建设制造强国是我们发展的关键点,现在我国提出要高质量发展,这有几个关键点。

一是在总体战略导向上,要弱化"对标"或"赶超",强化突出通过统筹部署构筑中国制造业的核心能力,为全球制造业发展作出中国原创性的贡献。二是在总体发展思路上,弱化重点产业和领域选择,突出新工业革命背景下通用技术创新能力、工业基础能力的提升。三是在具体政策措施上,弱化选择性产业政策,突出既有利于促进中国制造业效率和能力提升，又具有竞争中性特征的功能性产业政策和竞争政策。四是在具体重点任务上，强调技术创新导向的智能制造、绿色制造和高端的同时，更加突出管理创新导向的服务型制造和制造业"品质革命"。

关于"十四五"规划，对制造业发展提出了以下五方面要求。首先，总量要求。遏制"去制造业化"的"脱实向虚"趋势，要求保持制造业比重基本稳定。其次，安全要求。坚持自主可控、安全高效，分行业做好供应链战略设计和精准施策，推动全产业链优化升级，推动产业链供应链多元化，加强国际产业安全合作。再次，发展要求。打造新兴产业链，推动传统产业高端化、智能化、绿色化，发展服务型制造业。从次，关键要求。实施产业基础再造工程，完善国家质量基础设施，优化产业链供应链发展环境。最后，布局要求。促进产业在国内有序转移，优化区域产业链布局，支持老工业基地转型发展。针对这五方面要求，我着重谈以下三点。

第一，关于制造业比重稳定问题。虽然这些年我们的制造业占全球制造业的比重持续上升，从1990年的不到5%增长到2020年的30%以上，但是到2011年之后，中国制造业占国内GDP的比重逐年下降，一个高、一个低，形成了一个很有意思的"剪刀差"。以美国、德国、日本等发达国家为例，这些国家的制造业国内占比和全球占比都比较稳定，不存在交叉问题。由于中国的崛起，美国制造业占全球制造业的比重总体略微下降，日本和德国占比也在下降，但是这些国家制造业国内GDP占比大体稳定。我国确实存在过快下降的问题，所以我们希望在"十四五"时期制造业占比能稳定在 26% 左右。尤其是对我们这种大国来说，没有一个基础的量，将来质的提升也无从谈起。

第二，关于产业链现代化水平的提升问题。2018 年 12 月，中央经济工作会议上提出了深化供给侧结构性改革的"巩固、增强、提升、畅通"八字方针来提升产业链水平。2019 年 7 月，中央政治局会议上再次强调，要深化供给侧结构性改革，提升产业基础能力和产业链水平。2019 年 12 月召开的中央经济工作会议进一步明确要求，提升产业基础能力和产业链现代化水平。产业链、供应链是两个链，二者都依附于价值链。理解产业问题需要理解价值链，价值链是最核心的经济理论基础。产业链则表示为按照价值链分布的各企业或实体之间的链条式关联关系和时空分布形态，涵盖产品生产或服务提供的全过程，是产业组织、生产过程和价值实现的统一；供应链则是与价值链对应的从物流供应角度描述的企业或实体之间的链条式关联关系和时空分布形态，是产业链物流的动态实现。提升国家产业链、供应链现代化水平，是指一个国家推进其产业链、供应链向高附加值延伸，强化其产业在全球价值链各环节的增值能力，实现在全球价值链的地位升级的过程。为了提高产业链现代化水平，要构建有利于提升产业链、供应链现代化水平的创新生态，充分发挥竞争政策在提升产业链、供应链水平的基础性作用，深入实施产业基础再造工程，逐步探索适合不同企业的向高附加值环节拓展的产业链水平提升路径，包括生产者驱动路径、购买者驱动路径、"隐形冠军"驱动路径。

第三，关于是产业基础再造问题。产业基础能力是一个国家和地区具有的产业形成和发展基础性支撑的保障条件和综合实力，具体体现在基础零部件（元器件）、基础工艺、基础材料、基础技术、基础动力和基础软件等方面，从更为广义的内涵来看，还包括国家质量基础设施（NQI）、配套能力、制度环境和硬件基础设施等方面内容。在全球价值链视角下，产业基础能力是指一国具有的支撑产业参与和构建全球价值链分工的基础性条件和力量。产业基础能力高级化是提升产业基础能力水平从低到高、增强产业价值链攀升的基础性条件和力量的过程。可以看出，没有产业基础再造和产业基础能力方面质的提升，就没有产业链现代化水平质的提升，也就没有制造业从大到强的转变，以及制造业的新发展格局。

最后，简单总结概括一下，以上我谈了新发展阶段的制造业发展新格局，这是一个倒三角结构。首先从两个大局角度，包括经济增长测算来说明新发展阶段是什么阶段，这个新发展阶段一定要有新的发展战略，这个新发展战略就是新发展格局。对新发展格局有一系列的阐释，其核心关键是畅通经济循环，本质特征是高水平的自立自强；创新离不开制造业，制造业是最关键的产业，服务业要围绕制造业去创新，在"十四五"期间，制造业要构造基于创新驱动和从大到强转变的新发展格局。

中国经济 50 人论坛丛书
Chinese Economists 50 Forum

第十章　中国经济的调整与展望①

姚洋②

---

① 本文根据 2021 年 10 月 28 日长安讲坛第 383 期内容整理而成。
② 姚洋，论坛成员，北京大学国家发展研究院院长。

本文首先讲一下 2021 年的经济形势，其次讲讲 2001—2020 年中国经济结构的调整，最后讲一下中长期的经济增长展望。

一、2021 年的经济形势

2021 年 7 月 30 日，召开的中央政治局会议对下半年的经济做出了一个非常准确的判断，首先，会议预计中国的经济复苏将会减缓，下半年经济增长仍是一个非常重要的任务。因为 2020 年中国在抗击新冠肺炎疫情中，防控措施非常成功，所以我国率先进入经济复苏的窗口期。其次，会议强调了政策的自主性。下半年的主要任务还是要确保经济增长，货币政策要有自己的自主性。最后，会议谈到要纠正"运动式减碳"。

2021年第一季度GDP同比增长18.3%，第二季度GDP同比增长7.9%，第三季度GDP同比增长4.9%，这些数据能看到我国经济增速的确在下降。总体来看，2021年上半年我国经济情况还是可观的，上半年GDP同比增长12.7%，固定资产出口零售也实现了较快增长。唯一不尽如人意的地方就是人均可支配收入的增长速度没有赶上GDP的增长速度，主要原因是新冠肺炎疫情对就业的影响非常大。尽管从数字上来看就业恢复了，但是从就业质量看，恐怕没有以前好。

全国居民消费价格并没有明显的上升，只上升了0.5%。网上一些评论说中国经济进入一个滞胀期，这没有任何根据，通货膨胀并没有发生。重要的原因是中国经济有很多过剩的产能，企业复工率都在80%左右，过剩的产能可以把上游原材料价格的上涨吸收掉。制造业在强劲复苏，特别是制造业的投资增速同比增长19.2%，工业增加值两年平均增速有7%，总体而言是比较快的。

2021年下半年最大的挑战还是在消费端。商品零售两年平均增速只有4.4%，2021年"十一"长假客流和支出不是太旺，按照可比口径，比2020年出行人数减少1.5%。按照2019年统计数字，我国只恢复了70%。支出比2020年减少4.7%，只达到了2019年的60%。

制造业增速在放缓，房地产也在降速，很多企业拿地的意愿在下降。我国还出现了"限煤限电"的情况，一个原因是用电增长比较快，2021年上半年增长了16.2%，和2019年相比仍然增长了15.6%。用电量增长快，说明经济复苏比较快，但是这种复苏在很大程度上是靠出口带动的，国内的消费还没有复苏。另一个原因是减排任务以及进口煤炭配额。现在政府已经开始积极采取措施，能源紧张一定是短期现象，不会维持很长时间。

房地产政策有所松动。受新冠肺炎疫情影响，地方财政压力非常大。我国正在采取措施解决"限煤限电"的问题，发达经济体复苏非常强劲，对中国产品的需求也在不断回升。

2020年上半年中国GDP同比增长12.7%，对全年的增长贡献是6.35%。第三季度大概是5%，即使第四季度没有任何增长，我国GDP已经有了7.55%的增长。即使第四季度只增长2%，全年的GDP增速超过8%应该没有任何问题。

二、2001—2020年中国经济结构的调整

中国经济是有长周期的，过去40年基本上是每10年一个周期。20世纪80年代是我国经济高速增长时期，主要是农村改革带动的；20世纪90年代，我国经济进入艰苦调整时期，特别是20世纪90年代中后期，我国国企改革、社保改革、银行改革、加入WTO等改革混合叠加在一起。当时银行的平均不良率达到30%，不良资产占GDP的比重是1/4，如果要去清算，银行都该破产。但是这些艰苦的调整，为21世纪前10年中国经济的高速增长奠定了基础。可以说没有在20世纪90年代下半期所推动的各项改革，就没有今天的中国经济。

21世纪前10年是我国经济超高速增长时期，而过去10年我

国经济则进入经济结构调整时期。如果能够调整到位，再加上技术的发展，我们再次进入一个 10 年乃至更长时间的经济较高速增长的时期，是完全有可能的。过去 10 年我国的经济结构进行了哪些调整？

全球金融危机发生在 2008 年，按照美国的说法，之所以发生全球金融危机，是因为中国人的储蓄太多，输出储蓄，结果流动性过剩。美国的利率太低，加上美国人乱借债，最后引发金融危机。这是美国人的逻辑，美国把某些国家储蓄太多，某些国家储蓄太少、借钱太多这样的现象，叫作全球经济失衡。中国和美国刚好是镜像对称的关系，中国储蓄太多，美国消费太多。

如果说在 21 世纪前 10 年中国经济存在失衡的话，过去 10 年就是中国经济再平衡的过程。

（一）投资、储蓄和消费

图 10.1 是 1978—2018 年 GDP 的支出法构成。我国净出口在一段时间达到了非常高的水平，将近 10%。2000—2010 年，我国消费占比下降非常快，下降了 14 个百分点，这是非常快的速度。而我国的储蓄率上升了 14 个百分点。储蓄上升了，投资就要上升，那段时间叫"投资驱动型经济"。从 2010 年之后，我国开始了再平衡，消费占比上升，储蓄占比下降，投资占比也下降。

不过，消费占比上升也不能太快，因为消费占比上升就意味着储蓄占比下降。顺便说一下，所谓的"双循环"即构建以国内大循环为主体、国内国际双循环相互促进的新发展格局，双循环里面的内循环主要指消费的增长，事实上这从 2010 年就开始了。主要的变化就是居民消费的变化，政府消费占 GDP 比重几乎没有变化（见图 10.2）。

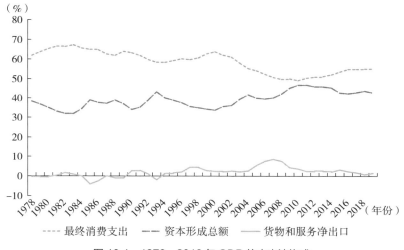

图 10.1　1978—2018 年 GDP 的支出法构成

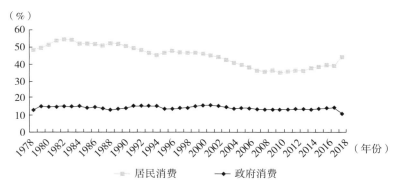

图 10.2　1978—2018 年我国居民消费和政府消费占 GDP 的比重

资料来源：历年《中国统计年鉴》。

此外，企业按照会计准则是没有消费的，这当然完全是会计准则的原因，但对我国 GDP 核算影响比较大。核算 GDP 的时候，只包括最终消费、最终投资和净出口，比如企业招待费，按照会计准则算在成本项扣减掉了，没有反映到最终消费中。我国相关法律法规规定，允许企业发生的与生产经营活动有关的业务招待费支出，最高可以按当年销售的 5‰ 扣除，仅招待费就是很大的数字，所以我国的 GDP 是被低估的，人均 GDP 是被低估的。

图 10.3 是扣除了新购住房之后我国的居民储蓄率，变化也是非常剧烈的。为什么要扣除新购住房？因为新购住房是自动的储蓄，中国的老百姓爱买房子，有 40% 的储蓄花在新建住房上面。为什么会出现这样的波动呢？我觉得与经济增速有很大关系。20 世纪 90 年代中后期经济增速变慢，储蓄率也下降了；21 世纪前 10 年，经济增速变快，储蓄率就上升了。过去 10 年我国经济增速又变慢，储蓄率也下降了。

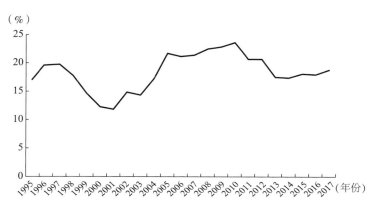

图 10.3　1995—2016 年扣除新购住房之后我国的居民储蓄率

资料来源：国家统计局，各年度资金流量表。

图 10.4 是我国外汇储备占 GDP 总量的变化。最高峰是在 2014、2015 年，之后有了很大的下降。现在基本稳定在 3 万亿美元，中国仍然是世界上最大的外汇储备国。

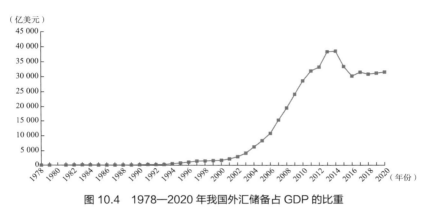

图 10.4　1978—2020 年我国外汇储备占 GDP 的比重

资料来源：人民银行网站。

图 10.5 是 1995—2017 年我国国民收入分配结构，随着经济结构调整，个人收入占比上升了。关注个人收入是因为我国要实现共同富裕，不能只让少数人富裕，只让资本拥有者富裕。在全球金融危机之前，收入占比下降了十几个百分点，之后又开始上升。政府收入占比没有太大变化，主要的变化就是个人和企业之间收入的此起彼伏。

为什么政府收入会出现这样的一个 U 形的倒转呢？最重要的原因是我国经济增长模式的转变。在全球金融危机之前，我国主要是靠出口和工业化拉动经济增长；全球金融危机之后，出口的增速在下降，我国也进入一个所谓的去工业化的过程。去工业化不是不发展工业，而是说我国的工业占比在下降。

图 10.5　1995—2017 年我国国民收入分配结构

资料来源：资金流量表。

过去劳动力从农业流向工业和服务业，现在则是从农业和工业流向服务业。服务业劳动收入占比很高，随着服务业占比的上升，自然就会出现这样的情况（见图 10.6）。

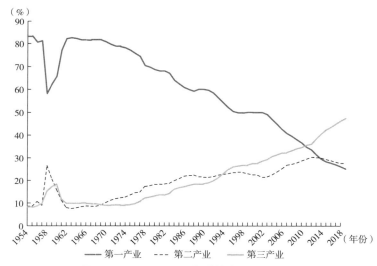

图 10.6　1954—2018 年我国就业构成的变化

资料来源：国家统计局。

图10.7是统计局发布的基尼系数，数据的最高峰是全球金融危机前后达到0.49，然后开始下降。这说明随着我国经济结构的变化，收入分配也开始改善。

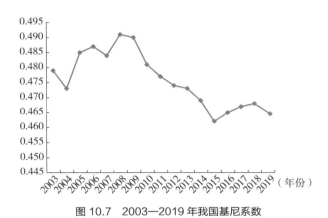

图10.7　2003—2019年我国基尼系数

资料来源：Wind。

（二）去工业化

去工业化一般的规律是农业份额下降，服务业份额上升，工业份额先上升后下降，其实工业份额上升最快的就是我国加入WTO之后的10年。在此之前由于亚洲金融危机，我国还略有下降然后再上升。从工业发展来看，21世纪前10年工业化的成就相当于2000年之前40年的成就，对中国经济来说真是无与伦比。这么大的国家经济增速这么快，全球历史上恐怕也没有发生过这样的事。

2010年之后，工业占GDP的比重开始下降，这就是所谓的去工业化。从经济结构角度来说，这是我国过去10年发生的最大变化。现在工业就业占总就业的27%～28%，工业增加值占GDP的比重是 28% 左右。中国是世界上最大的制造业大国，占全世界制造业的增加值大概是 28%，美国、日本、德国加起来，只比中国高 1 个百分点。

（三）经济增长换挡：科技投入加大力度

我国正在从经济大国向经济强国迈进，事实上"大"本身就是"强"的一部分。即便从"强"的角度来说，我国经济也发生了翻天覆地的变化。我国的科技投入不断增加，"十三五"期间按照我国的统计，研发经费支出从 1.57 万亿元涨到 2.44 万亿元（见图 10.8）。但我国没有达到"十三五"规划所要求的科技投入占 GDP 2.5% 的目标，事实上只差了 0.1 个百分点。这是我的统计，如果按照 OECD 的统计，中国研发投入要大得多。图 10.9 是各个国家研发

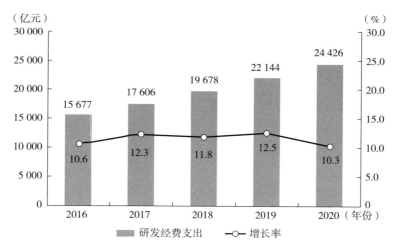

图 10.8　2016—2020 年我国研发经费支出及其增长率

资料来源：https://baijiahao.baidu.com/s?id=1693816974862562299&wfr=spider&for=pc。

投入在全球的占比,美国占全球的28.9%,中国占全球的23.2%,中国大概是美国的70%。全球研发投入最多的两个国家是中国和美国,日本只占全球的8.5%,大概是中国的1/3;德国是7.0%,不到中国的1/3,韩国只占全球的4.9%;法国就更少了,占全球的3.4%。也就是说把后面这五个国家的研发经费支出都加起来大概跟中国持平。所以说GDP总量大是一个很大的优势。科技投入与人均GDP当然有关系,但是和GDP总量更有关系。

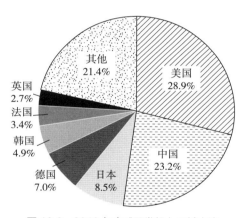

图10.9 2018年全球研发投入区域占比

资料来源:OECD前瞻产业研究院整理。

表10.1是2019年我国研发投入细项。基础研究占6.03%,试验发展占82.69%,应用研究占11.28%。我们可以比较一下中国和美国,中、美主要的差距是在基础研究方面。美国的基础研究占到所有研发的12%,中国仅为美国的1/2。但我认为这是正常的,因为美国技术已经很前沿了,若想让技术进步,只能加大对基础研究的投入。总体而言,我国还是处在一个追赶的阶段,在这种情况

下，我们的基础研发投入花的比较少一些是可以理解的。

表 10.1 2019 年我国研发投入细项

2019 年，我国研发投入为 22 143.6 亿元		
基础研究	1 335.6 亿元	6.03%
试验发展	18 309.5 亿元	82.69%
应用研究	2 498.5 亿元	11.28%
企业	16 921.8 亿元	76.42%
研究机构	3 080.8 亿元	13.91%
高校	1 796.6 亿元	8.11%

资料来源：http://zhs.mof.gov.cn/zonghexinxi/202008/t20200831_3578026.htm。

我国试验发展投资非常大，这项工作极其"烧钱"。中国比较落后的技术领域很多是在材料领域。为什么我国在材料领域的差距这么大？最主要的原因就是资金没有发达国家投入得多，从事试验发展的时间没有发达国家的时间长。这是完全靠经验、靠金钱"砸"出来的，没有别的办法，也没有捷径。

按照机构来看，企业占了研发投入的绝大部分，全球都是这样的，我国也不例外。研究机构占 14%、高校占 8%，这与美国不太一样，美国高校占比较高。我国因为有中国科学院这个机构，所以研究机构的占比要比大学要多一些。

表 10.2 列出了 2019 年中国企业研发投入的前五名，分别是华为、阿里巴巴、腾讯、百度和中兴通讯，后面四家企业研发投入总和还没有华为多，华为的市场份额是全球第一，共投入了 1 300 多亿元。

表 10.2　2019 年中国企业研发投入前五名

企业	研发投入
华为	1 326.99 亿元
阿里巴巴	435.78 亿元
腾讯	307.39 亿元
百度	185.58 亿元
中兴通讯	131.72 亿元

（四）去产能

去产能主要针对华北地区，包括山西、河北、山东等地的煤炭、钢铁、化工、有色金属等高耗能、高污染的企业。去产能对环境整治，获得更洁净的空气是有促进作用的，但是这种行政性地去产能也可能会出现一些问题。

图 10.10 可以看出，南方的 GDP 总量早就超过北方了，但是北方的人均收入一直高于南方，主要是因为南方有些地区经济发展落后。但是 2016 年之后，南方的人均收入开始超过北方，而且这个差距越来越大。

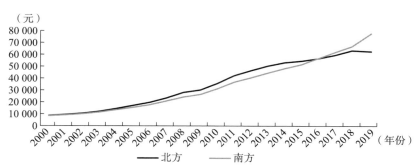

图 10.10　2000—2019 年中国南方人均收入与北方人均收入

资料来源：NBS，www.stats.gov.cn。

由图 10.11 可知，早期北方工业占比远远高于南方。大概在 2010 年前后，南方、北方都开始去工业化，但是北方速度比南方还要快。南方工业占比原来就低一些，在 2016 年之后南方的工业占比反倒高于北方了，这是一个非常大的变化。所谓南北差距的加剧包括许多原因，比如北方市场化程度低，南北双方文化、传统差异等，这些都可能起作用。但是，最直接的原因还是北方去工业化速度太快。南方有些地方反倒还在再工业化，比如江西、安徽等省的再工业化速度还很快，相对减弱了南方去工业化的速度。

当然，通过这一轮去产能，好多低效、不环保的企业被淘汰了，一些更加先进的产能被建设起来了。总体而言，去产能对于中国经济的高质量发展是有好处的。

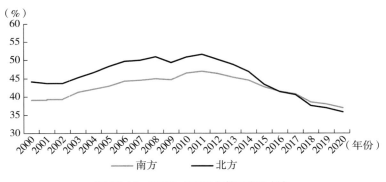

图 10.11 2000—2020 年第二产业占比

（五）去杠杆

去杠杆是 2018 年、2019 年发生的。主要原因是中国宏观杠杆率比较高、影子银行无序发展等。2018 年 4 月 27 日，人民银行、银保监会、证监会、外汇局联合发布了《关于规范金融机构资产管理业务的指导意见》，旨在管控风险。所以，银行的资管业务转至表类管理，理财和投资产品实行净值化管理，要打破刚性兑付，清理通道和多层签到业务。要切断银行违规操作，清除股权、债权投资产品之间的期限错配。

图 10.12　第一大股东质押股票数量占其持有股份比重

资料来源：徐高在 2018 年 9 月 18 日国发院格政讲座上的演讲。

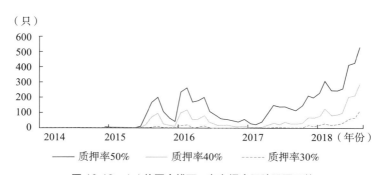

图 10.13　1.4 倍平仓线下，存在爆仓风险股票只数

但是，一个政策一旦开始实施，它可能会倾向于过渡执行，去杠杆的过渡执行，叠加贸易摩擦，会导致股市出现振荡。有一段时

间股市市值下降了30%，有些民营企业的市值下降得很多，尤其是那些高负债、比较激进的民营企业下降得更多。民营企业当时发明了一个新的所谓融资工具，就是股票质押，它质押了大量的股票。它们认为只要企业的股价不跌破40%、50%，企业就是安全的。结果，很多企业的股价下降了70%甚至90%，爆仓了很多企业。A股市场上几十家民营企业爆仓，最后都被国有企业给收购了。

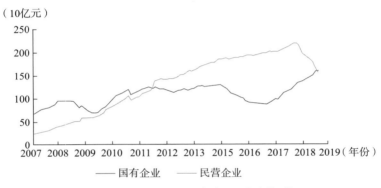

图10.14　2007—2019年中国工业企业利润

资料来源：徐高在2018年9月18日国发院格政讲座上的演讲。

表10.3　2011—2018年中国工业企业利润

时间	利润总额（亿元）	民企（%）	外资（%）	国企（%）
2011年	61 369	27.1	25.2	29.6
2012年	61 910	29.4	22.6	28.7
2013年	68 379	30.5	23.1	24.6
2014年	68 155	32.8	24.3	19.9
2015年	66 187	35.1	24.0	18.9
2016年	71 921	33.8	24.1	25.0
2017年	75 187	31.6	24.9	33.3
2018年1—8月	44 248	26.0	24.6	33.5

资料来源：国家统计局，www.stats.gov.cn。

去杠杆的积极作用,一是让民营企业学会了管控风险,不能随便高负债,一定要谨慎对待;二是把一些低效的企业淘汰了。

总结起来,我认为在过去10年,通过一系列经济结构的调整,如同20世纪90年代那样我国清理了很多僵尸企业,经济效率大幅度提高。下一个10年我国就会迎来一个较高速的增长时期。

三、中长期的经济增长展望

(一)新的技术长周期

过去200年,世界经济的发展基本上靠科技进步推动。蒸汽机、铁路、电、计算机等,一波又一波的技术创新推动了整个人类文明的发展。但是,一个新技术要想带动经济的全面增长需要一些条件。

一是新颖。今天的中国已经慢慢地走到了世界科技的前沿,我国要想持续维持技术进步,就一定要容忍在新技术领域的过渡投资。股市也要允许一定的泡沫存在,因为在现代社会、现代经济领域,如果没有一个比较灵活的资本市场,创新是非常困难的。

二是成熟。技术成熟之后成本要降低,稳定性增加。一项技术从诞生到成熟,往往需要几十年的时间。

三是应用广泛。比如蒸汽机、汽车、计算机、智能手机等应用都非常广泛。

按照这三个技术特点,我们来看下一代或者是全世界正在经历的符合这三个条件的技术有哪些。我个人判断是三个方面,而且这三个方面目前中国都领先于世界，千年以来中国再一次站到了世界前沿。千年以来的意思是指上一次我国站到世界技术前沿是北宋时期。北宋是中华文明的高峰，我国要实现中华民族的伟大复兴，按我的标准就是要复兴到北宋当时领先于世界的水平。

第一个领域是 AI 和机器人。AI 和机器人能满足这三个条件。比如波士顿机器人比人还要能干，已经超过了 99.99% 的人。我们绝大多数的人不可能做后空翻，但是它能轻易做到。我相信 10 年之内很多艰苦的工作，包括到危险的战场去侦察作战恐怕都是先派机器人去。

中国自动化也是非常成熟的，比如洋山港无人码头和黄岛码头。一旦人工成本太贵了，就要采用这个技术了。

中国拥有世界上最多的工业机器人。为什么我国能在 AI 领域走到前列？一是我国有海量的数据，二是我国有巨大的市场来消化创新的成本，三是我国有巨大的人力资源，我国的大学毕业生、技术人员非常多。

第二个领域是新能源。太阳能大概是从 20 年前开始研发的，现在我国太阳能已经成为全球第一，绝对地领先全球。我国的光伏发电装机容量占到全球 1/3，全球 80% 的装机容量用的都是中国的产品，因为中国生产全球 75% 的光伏组件。

发展光伏发电存在一个问题，就是它只能白天发电，晚上不能发电。所以必须把电能储存起来。储能是发展光伏发电的瓶颈，是一个亟待解决的问题。现在有人在构想，全球都在变得一体化，能不能把全球电网都并在一张网里面？下一步能不能把全球的电网联起来？中国的电网是全球最高级的电网，超高压电网加上智能化，没有国家能赶得上。

第三个领域是电动汽车。2012—2013 年中国开始推广电动汽车，当时减排未必是一个目标，而是要减少对石油的依赖。中国 80% 的石油消耗都是进口，当时的油价实在是太高了。

中国的汽车业也要发展，如果还是推广燃油汽车恐怕永远追不上其他国家。发动机和传动系统实在太精巧了，我国暂时还赶不上，所以要弯道超车，要推广电动汽车。

中国的电动汽车发展是飞速的。电动汽车销量占到全球的 30%～40%，燃油汽车销量只占到世界的 10%。我国的锂电池技术领先世界，有 70% 的锂电池是在中国生产，宁德时代、比亚迪都是世界级的企业，它们的技术在世界上领先。比亚迪的市值是中国汽车市值里最高的，因为它掌握了电池的核心技术，比亚迪的刀片电池可以极快地充电。宁德时代锂电池技术也在世界领先，现在正在发展钠电池。

此外，我国还有成本优势。同等质量的汽车我们要比欧洲成本低 20%～60%。关于续航里程，我们领先型的电动汽车就是"蔚小理"，最高档次的汽车最高续航能力在 700 多千米，甚至超出了传统汽车的续航能力。

特斯拉在中国打价格战，把高档电动汽车的价格拉低到 20 万元以内。价格战对"蔚小理"有影响吗？"蔚小理"价格很贵，没有一辆车低于 30 万元。事实上，整个电动汽车行业造车新势力增长都非常快（见图 10.15）。

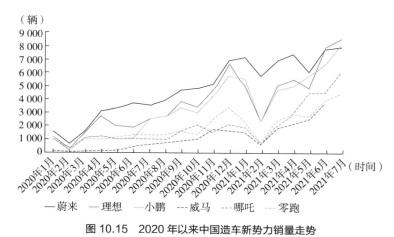

图 10.15 2020 年以来中国造车新势力销量走势

资料来源：https://baijiahao.baidu.com/s?id=1707153385107596238&wfr=spider&for=pc。

2021 年 7 月，"蔚小理"销售量超过了 8 000 辆。这是什么概念呢？就是它们一年的销售量要超过 10 万辆。汽车行业就是以 10 万辆作为一个门槛，销售量超过 10 万辆的企业即使不盈利也不会倒闭。这也是中国人第一次开始偏好本国造的豪华汽车，这是一个巨大的变化。

我可以做一个大胆的预测，未来 10 年之内中国的电动汽车将重复日本汽车在 20 世纪 80 年代所走过的路，就是大规模的出口。世界上很大一部分低档的电动汽车将由中国企业来生产，而且我们的高档电动汽车仍然会有市场份额。这是先进技术支撑我国经济增长的很重要的一个原因。

（二）城市化

过去城市化是人口跳跃式的转移，从中西部农村直接跳到一、二线城市，进城的农村青年变成了产业工人。但是，这种现象到2010年特别是2014年以后改变了。我把这种新的城市化叫城市化2.0。人口开始梯度转移了，农村人口到县城或者中心城市，三、四线城市人口向一、二线城市转移。2014年以后进城务工人员数量基本不再增长（见图10.16）。

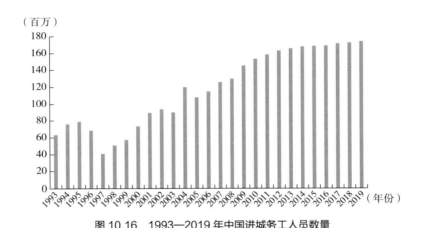

图10.16 1993—2019年中国进城务工人员数量

资料来源：《中国统计年鉴》。

习近平总书记在谈"十四五"规划的时候，用了很大的篇幅讲到城市化，提到要完善城市化战略。以前官方文件都叫城镇化，和城市化只是一字之差，但是其背后的思想是天壤之别。城镇化的意思是不要发展大城市，而城市化的意思就是大城市是可以发展的。

习近平总书记指出，要增强中心城市和城市群等经济发展优势区域的经济和人口承载能力，这是符合客观规律的。这和以前的说法很不一样。以前我们都说要合理控制大城市，现在我们承认人口的集中是合理的。

这里要提到的是美国和日本，美国的人口首先集中在东海岸的 13 个州，然后在中西部地区、五大湖地区、原来老工业带、西海岸、佛罗里达州，西海洋是新发展起来的，佛罗里达州是养老圣地。

日本国土面积极其狭窄，人口有 1.2 亿。日本 60% 以上的人口集中在从东京到大阪 500 千米的范围中，非常集中，而且仍然在向这里集中。新泻从地图上看是一个大城市，但是如果不是周末，新泻的街上几乎一个人都看不到。那里的医院每天都有不少老人在看病，甚至把那里当成他们聚会聊天的场所。我们总在担心，随着城市化推进，我国每天有 300 个村庄在"消失"，其实日本也是这样。这是全世界一个有规律性的现象。

城市规模有边界吗？生物个体的体重是有极限值的。世界上体形最大的动物蓝鲸，它的体重最高可达 200 吨，有些可以活到上百岁。为什么生命个体体重有极值呢？因为它的能量产生符合 2/3 幂律，生物个体的体重增加一倍，能量只是 2 个 2/3 次方，没达到 2 倍。所以最后它的能量不够了，体重就不增长了。

企业和生命个体很像，企业的诞生和消亡是很正常的，中小企业平均寿命只有 3～4 年。企业寿命短，说明社会科技进步速度比较快。

但是城市不一样，它的产出服从 1.15 幂律，能源消耗只服从 0.85 幂律。随着人口的增加，它的产出会超常增加，所以城市没有边界。

在任何国家都会形成这样的一个线性分布，叫"七步五法则"。横轴是城市人口取对数，纵轴是城市人口排序取对数，拉出来就是一条直线，而且中国这条直线比美国还好，它基本是一个均匀分布

（见图 10.17）。

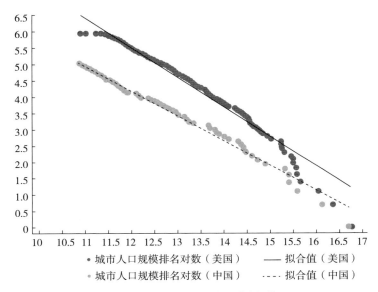

图 10.17　美国城市和中国城市规模

资料来源：http://www.census.gov，http://www.citypopulation.de。

观察 2010—2020 年中国人口的变化，东北三省、华北、西北的一些省份人口在流失。除了新疆和西藏比较特殊之外，增加人口的省份主要是在东南沿海地区。

从城市层面来看，流失人口的地方是以西安为中心的一个"X"字形。这条线叫作胡焕庸线，是中国西部和东部的分界线。

国家已经制定了建设 9 个中心城市的名单，围绕这 9 个城市会形成 7 个中心城市区域，即珠三角、长三角、长江中游地区、四川盆地、西安咸阳、郑州、京津冀这 7 个区域。到 2035 年我国的城市化率超过 75%，这 7 个区域集中全部人口的 60% 以上是完全可能的。

对中国经济增长的意义在于，人口集聚会带来更大的效应，可以对冲老龄化带来的负面影响。人口集聚会带来更高的产出，国内消费就会提高，都会对老龄化的冲击有所缓冲。

城市化当然也有不好一面——经济分化。城市化区域经济占比越来越高，而那些人口流出的省份经济就要走下坡路。但是这个选择权应该留给老百姓，由他们自己来选择。东北人口十年间净流出1 000多万，但是留下来的人能享有更好的资源，山清水秀，房价也便宜，而且地区经济会有一个循环发展。

比如美国的匹兹堡，原来是个钢铁之都，20世纪七八十年代衰落得一塌糊涂。但是时隔20多年，匹兹堡又复苏过来了，成了美国的制药中心和保险业中心。因为这里的地价太便宜了，在之前工业的基础上，很多厂房设施都可以利用，所以很多企业又搬到这里去了。总之，我们不用担心一个地区会永远衰落下去。美国的纽约也曾经衰落过，过去30年它又复苏过来了。

在城市区域内部，成渝地区比较典型，它有两个巨型城市：成都和重庆。论人口总量和人均GDP，成都最富裕，重庆次之。由于成都和重庆的存在，围绕这两个城市周边的城市人口都在下降，而且GDP总量增长速度也在下降。这条走廊成了整个四川盆地增长最慢的地方。靠近中心城市，的确会对周边三、四线城市有打击。

在这个区域内，人口流动有一般规律。20世纪八九十年代，各个城市都发展，成都发展，周边三、四线城市也发展。到了第二个阶段，成都经济活动变得高级化，交通变得非常便利，人口流动变得很容易，所以人口都向成都集中。所以一些基础设施，特别是高速公路和高铁，未必对所有的地区都有好处。因为一旦通了高速公路，沿线三、四线城市的经济发展就要受影响，人口就要流失。第三阶段又是重新分散的阶段，目前中国还没有到达。

三、四线城市应该怎么办？它们要发展产业，有了产业才能留住人，同时还要提高生活品质。在计划经济时代，西安的经济水平远高于成都，这两个城市一直在竞争。过去40年西安经济在下降，成都经济在往上走。成都为什么能吸引人？因为成都很浪漫，生活品质高，非常吸引年轻人，成都每年外来的大学生大约有10万人。很多高科技企业跳过西安直接到成都去了，现在成都拥有很多高科技企业和脑力密集型的企业。按理说西安的大学数量、质量和大学生数量都优于成都，人才储备远远高于成都，但是在吸引人才方面就竞争不过成都。

三、四线城市发展要向中心城市靠拢，这就是开封的策略，郑州和开封已经同城化了。

我们再看广东的情况。广东人口也是向珠三角集中，但是像揭阳、惠州等一些城市的GDP增长比较稳定，因为这些城市有产业。

与美国对比，2010年，我国的GDP总量只有美国的39%，到了2020年我国GDP总量占美国比重增长到71%，上升了32个百分点，相对追赶速度还是非常快的（见表10.4）。

表 10.4　2010—2020 年中国与美国的 GDP 对比

年份	美国 （万亿美元）	中国 （万亿人民币）	中国 （万亿美元）	中国/美国 （％）
2010	14.96	39.80	5.88	39
2012	16.24	51.93	8.24	51
2014	17.40	63.65	10.40	60
2016	18.56	74.41	10.94	59
2018	20.50	90.00	13.60	66
2019	21.41	99.09	14.54	68
2020	20.75	102.00	14.73	71

未来会是什么样的呢？2020 年美国经济增长率是 7％ 左右，中国经济增长率是 8％ 左右。假设美国经济增长速度是 2.20％，通胀率是 2.00％，中国用三个预测——高预测、中预测、低预测，通胀率包含了人民币的升值。如果高预测是 6.50％，到 2028 年中国就会超越美国成为世界第一大经济体。如果按中预测计算，到 2028 年中国也会超越美国成为世界第一大经济体。如果按低预测计算，到 2030 年中国就会非常接近美国 GDP 总量（见表 10.5）。

表 10.5　中国与美国 GDP 预测

项目		假设		GDP 预测（万亿美元）		
		经济增长率 （％）	通胀率 （％）	2025 年	2028 年	2030 年
美国		2.20	2.00	25.48	28.83	31.31
中国	高预测	6.50	3.72	23.96	32.08	38.98
	中预测	5.50	3.32	22.48	28.96	34.30
	低预测	4.50	2.92	21.07	26.11	30.13

注：中国的通胀率 =（中国的增长速度 – 美国的增长速度）×0.4 + 美国的通胀率。预测是基于 2020 年的预计数据计算出的。2020 年，美国的 GDP 总量为 20.75 万亿美元，中国的 GDP 总量为 14.73 万亿美元。

所以，如果中国以 5.0% 的速度增长，美国以 2.2% 的速度增长，基本可以肯定中国在 2030 年之前会超越美国，成为世界第一大经济体。中国的 GDP 总量超越美国将是一个历史性的事件，意味着中国在很多方面可以直接和美国展开竞争，比如中国的科研投入总量要赶上美国，在科技领域创新也会有突出的表现。

中国经济 50 人论坛丛书
Chinese Economists 50 Forum

第十一章　数字货币与中央银行[①]

陆磊[②]

[①] 本文根据 2021 年 11 月 18 日长安讲坛第 384 期内容整理而成。
[②] 陆磊，论坛成员，国家外汇管理局副局长。

近年来，数字化进程带来的技术变迁正在渗透到经济金融领域。仅从货币领域看，数字货币的走向和其对货币政策、国际支付、金融稳定等领域的潜在影响已经成为各国中央银行关注和研究的重要问题。在金融资产以及金融业态数字化进程中，要立足于行业、业态、技术演进趋势，因时而变、因势而变，及时把握货币形态变化趋势，稳妥应对货币数字化时代的挑战。

一、数字革命：供给方式演变对中央银行的挑战

（一）经济学层面对数据的认知与探讨

经济学对于数据的认知存在要素论和约束条件论两种视角。一是数据要素论。与农业经济、工业经济阶段不同，人类进入信息时

代以来，数字成为一种重要的要素，与资本、劳动、土地、技术一样重要（见表11.1）。二是数据约束条件论。它认为所谓的数字革命实则技术要素没有变化，只是数据可得性上升，进而改变了生产方式。比如类似于亚马逊、京东这样的企业，数据的作用在于能够突破信息约束，大幅度降低生产冗余（存货）。因此，对于数据的探讨不仅要着眼于要素论，可能还意味着约束条件的变化。

表 11.1　人类经济发展阶段与要素演进

经济阶段	主要生产要素
农业经济	土地、劳动
工业经济	资本、劳动、技术
数字经济	资本、劳动、技术、数据

资料来源：根据相关资料整理。

（二）两条技术路线证明数字化的作用是降低成本

数字化转型是一个动态过程，是指数字技术使得社会和行业发生改变。该进程具体反映在两条技术路线中。一是技术论。任何产业革命或者技术变迁都伴随着知识创新，所以数字化的本原是技术，比如数控机床等对传统的设计和制造方式的迭代。数字化结果是降低生产成本、提高生产效率。二是信息论。数字是信息的载体，成为微观经济和金融市场决策的基础，从而深刻改变了企业、行业的业务体系和价值模式。因此，技术论视角下数字化的结果是降低实体成本，信息论视角下数字化会降低交易成本。

(三)从时间维度看,数字化将是持久的革命

当前,可以观察到数字化转型的四个典型事实:一是网络效应(基于信息论),网络的市场规模越来越大,创新环境友好的国家逐渐占据更多优势。二是高端制造(基于技术论),新型制造不断向资本、人才和技术密集的国家和地区聚集。三是要素流动(基于信息论),投资加速向知识、技术密集程度高的地区流动,而劳动密集型地区对资本吸引力下降。四是国际贸易(基于技术论),数字产业和网络发达的国家在国际贸易中的份额上升。

(四)从供给侧层面看,技术革命引发生产方式变革

历次技术革命和产业革命的演进,是知识技术的更替迭代所导致生产方式和要素的变化。在历次科技产业革命当中,国际经济格局总是被率先发生技术革命的国家改变,相应的贸易额以及经济总量占世界比重也会发生改变(见表11.2)。

表11.2 产业革命引发国际经济格局的变化

国家	产业革命	影响
英国	第一次产业革命	·促进了纺织、煤炭、冶金等近代工业的兴起和发展 ·1870年,英国工业产量占世界工业产量的比重为31.8%
德国和美国	第二次科技革命和产业革命	·以电力、铁路为代表 ·1870—1913年,英国贸易额只增长了89%,而同期德国增加了1.8倍,美国增加了1.6倍
美国	第三次产业革命	·以电子、计算机和信息网络为标志 ·1948年,美国生产总值占世界生产总值的1/2,出口贸易占全球份额近1/4,黄金储备占全球份额2/3

资料来源:根据相关资料整理。

在被新冠肺炎疫情冲击的背景下，数字化体现出了极强韧性。2020年以来，疫情暴发加速了数字经济发展，在社交接触受限的情况下，数字化运营成为受困企业维持业务的重要方式。根据Twilio咨询公司针对全球2 569家企业的调研发现，本次疫情将全球的数字化进程提前了5~7年。"无接触经济"为人们的生活提供的极大的便捷，催生了一批新业态和新模式。

（五）数字化进程中货币当局面临的三个挑战

在数字化进程中，中央银行面临三个挑战。一是供给侧技术革命导致的相对价格变化的挑战，即调控目标冲击。当技术改变了要素配置，那么菲利普斯曲线的稳定性就需要重新检验，经验目标也有待调整。二是维护金融市场稳定性的挑战，即调控对象冲击。当信息流改变人们的消费、储蓄和投资决策，价格体系的稳定性需要进行重估。系统性风险可能从系统重要性金融机构转向大类资产配置。三是资产的数字化挑战，即调控地位冲击。部分虚拟资产的数字化，创造了新的非传统投资机会和衍生品市场，并出现取代传统货币形式的迹象。

二、历史逻辑：货币数字化发展脉络和技术路线

（一）货币的历史发展脉络和支付创新

实物货币到电子货币的历史演进。马克思说"金银天然不是货币，但货币天然是金银"。从物物交换经济，到出现充当一般等价

物的商品，到最后金银成为一般等价物。在这一过程中，可以发现一般等价物具备几个特征：易分割、易保存、相对稀缺等。当货币脱离了实物形态进入纸币时代，货币以主权国家信用为背书，成为信用货币，货币发行也脱离了实物制约，理论上能够无限发行。电子货币本质上是法币的信息化过程，可以代表货币流通体系中的M2（广义货币）。如银行卡、网银、第三方支付等电子货币媒介都在一定程度上增加了货币的流动性。

从货币理论到货币政策的历史沿革[①]。经济学家认为货币经济的要素包含商品和货币，所以大量经济学家，如以大卫·休谟、弗兰克·哈恩（Frank Hahn）、约翰·R. 希克斯（John R. Hicks）为代表的学者，不断试图把货币纳入整个商品经济体系中。事实上，货币与货币之间的交换，即货币交易[②]，应独立于商品经济体系。由于有了货币交易，所以产生了复利概念，反映基于生产者、消费者、投资者对未来的预期。所以货币调控本质上是调控复利之利，即调节人们对未来经济的看法，这就是当代中央银行的主要政策工具。

关于货币的几个定义辨析。讨论数字货币之前要先分清楚

---

① 关于货币理论持续演进的理论参考：大卫·休谟（David Hume）的货币数量论、亚当·斯密（Adam Smith）的《国富论》和大卫·李嘉图（David Ricardo）的《政治经济学及赋税原理》等早期货币理论；约翰·凯恩斯（John Keynes）的《就业、利息和货币通论》和米尔顿·弗里德曼（Milton Friedman）的货币主义理论，1968年的文章《货币政策的角色》(The Role of Monetary Policy)；兰德尔·雷的《现代货币理论》。

② 货币交易是指货币与货币的交易，可以是即期的，也可以是跨期的。具体指当前的货币与未来货币之间的交易，即跨期货币投资，以及不同货币之间的现货交易，即外汇买卖。

"Coin""Currency""Money"的含义。"Coin"是指有价资产,如古董店的银圆、比特币;"Currency"是指流通中的现金,是M0或者非生息的纸钞或现钞,特点是不能生息;"Money"是用于标志其他一切商品服务和资产的未来索取权凭证,以广义货币M2或个人储蓄存款等方式存在,持有它可以转换成任何一种能够带来效用的商品和服务。因此,虚拟货币是"Coin"层面的货币,央行数字货币是"Currency"层面的数字现金,而稳定币则是"Money"层面的货币。

"中央银行—商业银行"二元模式隐含了经济对货币(Money)的需求。实际上,中央银行是基础货币的供应方,金融机构是广义货币的创造方,而社会大众是金融机构的存款方(提供存款)。金融机构为实体经济部门(包括公众和企业)提供融资,中央银行是银行的银行。货币契约是交易行为,衡量"Money"的唯一标准是跨期回购交易——即期为 A,跨期为 $(1+r)A$。人类突破金本位,即源于不能保证存在 $(1+r)A$。这是美国1837—1863年持续存在银行危机的原因——黄金的生产函数与全社会生产函数不一致。因此,当前开采量、最终储量将趋于有界极限的数字"Coin"(例如比特币)是一种货币形式的进步还是倒退,仍有待考量。

(二)数字化的"Coin"资产对货币形态、思维和货币体系现实性都构成冲击

数字货币最初以私人货币形式出现,这些私人数字货币改变了传统货币的形态、流通方式及支付方式,并根据设计的不同产生了

不同价值①。国际清算银行（BIS）将数字货币定义为数字形式的资产，狭义层面上包含区块链技术下的加密货币（crypto currency），广义层面上包括加密货币、虚拟货币和其他电子货币虚拟货币（例如最早的 Q 币）。如果在区块链上发行以链外资产作为支撑的数字货币，就出现了稳定币（见图 11.1）。

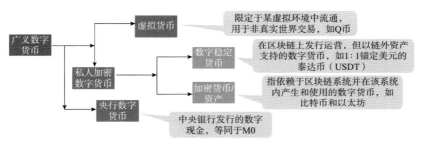

图 11.1　数字货币的分类

资料来源：根据相关资料整理。

私人加密数字货币自出现以来呈现出飞速发展势头。截至 2021 年 11 月 12 日，全球加密货币市场规模达 2.83 万亿美元，较 2020 年初增长 47.4%。根据价值来源不同，私人数字货币可分为两类：一类是依赖于区块链系统并在该系统内产生和使用的加密货币，如比特币；另一类是在区块链上发行运营，但以链外资产支持的稳定币，如泰达币。加密货币与稳定币具有不同特征：比特币等加密货币是一种主要用于投机的数字资产，不具备货币的基本职能。稳定币以法定货币计价的资产作为支撑，币值相对于加密货币更为稳

---

① 参见哈耶克与弗里德曼的争议。

定，并具有分布式账本即时交易、可编程、开放和匿名等特点。稳定币克服了私人加密货币币值大幅波动的不足，是更贴近货币职能的数字货币。

数字货币具有可观的支付前景，但在发展过程中也存在问题。越来越多的大型企业与机构接受以比特币为代表的私人数字货币，比如特斯拉、推特、摩根大通、纽约梅隆银行、Visa等传统金融机构和国际信用卡组织。从货币性质来说，比特币更多体现了资产属性，比特币的支付和转移在一定程度上可以理解为数字化以后的纪念币或邮票的交易。此外，比特币挖矿造成的巨大能源消耗与低碳绿色的发展方向不一定完全相符。

总体上，数字货币的确具有去中心化、加密技术和财产转移交割的优势，它属于一种价值认同，是一定范围内的一种集体秩序，但有必要分清货币数字化进程中"Coin""Currency""Money"的内涵和区别。"Coin"是一种数字资产，需要另外一种"Currency"来定价，因此"Coin"不具备货币的基本职能。由于数字货币不是"Money"，不是"Currency"，是"Coin"，所以即使社会关注度很高，与中央银行的关系却并不紧密。

三、时代挑战：稳定币的性质及其国际货币特征

（一）稳定币对全球公允价值的探索

一般地，进行国际交易时，往往因为产品和货币交割存在的时间差而产生贸易融资和汇兑风险，增加交易成本。代表全球公允价

值的国际货币能够有效降低国际交易成本，在金本位时代，黄金就是公允价值。货币形态自第二次世界大战以来沿着提高持有收益和支付便利化的方向经历了四个发展阶段。

第一阶段：20世纪70年代，布雷顿森林体系崩溃，美元逐步成为世界货币，美国货币基金飞速发展，既能提供比银行存款更高的收益，又具有较高的流动性，它被纳入美联储的M2统计。货币基金的高流动性使其具备了货币的支付功能。第二阶段：21世纪以来，第三方支付进一步扩展了货币基金的支付功能，推动了货币形态演化。第三阶段：2008年以来，比特币的发明推动了货币脱离银行账户体系的革命性转变。第四阶段：近年来出现的稳定币，成为更贴近货币职能的数字货币。稳定币能够锚定一篮子法币，因此是加权平均的"Money"，并能够保持币值的稳定，同时可能在全球范围内形成超越单一主权货币的革命性变化（成为公允价值的代表），进而带来金融业态的革命性变化。

（二）稳定币锚定法币资产，是主权货币跨境使用竞争的新领域

私人部门稳定币的流通和使用巩固了其锚定的主权货币的国际化使用。如果私人部门稳定币1∶1锚定某种法定货币，客观上对该法定货币的影响力或者稳定性起到了支撑作用。美国区块链研究报告显示，截至2021年1月，绝大多数稳定币都与法定货币锚定，占比达到93.6%，其中99%锚定的是美元。

各国陆续出现锚定本国法币的稳定币。大型金融机构相继发行基于本国币种的稳定币，如摩根大通、三菱东京UFJ银行、瑞穗

金融集团、印度印鉴银行等。中国香港圆币科技公司也发行了锚定离岸人民币的加密数字货币——圆币。圆币锚定离岸人民币、日元、港元三种亚洲主要货币，占比分别是47%、32%、21%。从货币跨境使用角度来看，稳定币提供了一种变相持有其锚定法币的方式，因此对于主权货币跨境使用竞争力和吸引力的上升有一定推动作用。

锚定一篮子货币的稳定币是国际公允价值的数字化挑战。2020年4月，脸书公布了Libra 2.0白皮书，Libra基于区块链技术，锚定一篮子法定货币，具有较单一货币更高的稳定性。美国多次召开听证会，修改Libra的合规要求，淡化其超主权货币特征。目前，Libra已更名为Diem，并单一锚定美元。

（三）关于对稳定币成为超主权货币的讨论

锚定一篮子法币的数字货币具备成为超主权货币的必要条件。一是由于单一货币的稳定性和便利性，国际贸易和资金的跨国投融资始终偏好单一货币。从跨国角度看，选择持有某国货币不存在税收或政府强制力约束，所以持有外国货币本质上是选择持有资产组合，理论上该资产价格既可以是以主权信用为基础，也可以是基于对该资产产生的局部或普遍共识。

二是主权货币作为世界货币，天然具有发行不受约束的缺陷。单一主权货币作为世界货币都存在内生不稳定性，即其货币供应量不能收敛作为国际货币的美元，其流动性和稳定性之间的矛盾仍不可调和（特里芬难题），2008年全球金融危机以后，美联储开启量化宽松政策，2020年以来更是开启无限量化宽松政策，全球对通胀和美元稳定性的担忧与日俱增。

三是人类社会对于超主权货币成为世界货币的探索从未停止。如最早的SDR（特别提款权）或者是货币联盟欧元，虽然各具优势，但仍然存在难以调和的矛盾，难以担当币值稳定的同时满足人们日常投资、交易、结算的大任。例如，SDR的矛盾是只能用于清算而不能用于日常支付，所以它只是一个记账单位，不是日常交割当中跨境贸易和投资当中可以确定的计价货币。

未来，稳定币有可能会为新一代超主权世界货币的出现提供条件。稳定币并不像SDR那样只能清算不能结算，也不像欧元那样必须取消成员国的中央银行。一种稳定的世界货币将可能是立足在契约国条约基础上、以大数据算法支撑、由各成员国实际产出和体量（或一揽子商品价格——实际购买力）作为锚的超主权数字货币。

（四）稳定币对货币银行体系的冲击

一是从支付领域看，基于"去中心化"的区块链技术，数字货币跨境支付结算完全脱离银行体系。二是从商业银行看，传统投放采取"中央银行—商业银行"的二元模式，用户的银行账户将与中央银行数字钱包绑定，而数字货币依托数字平台发行和交易。三是从货币政策看，数字货币将对存款准备金、基础货币规模、货币乘数和货币政策传导机制产生影响。数字货币将可能影响商业银行的活期存款，进而影响存款准备金规模。

总体而言，锚定金融资产的稳定币可以被视为一种能够计息、底层资产为货币基金的数字货币，它不是单纯通过没有任何底层资产"挖矿"来形成的货币，而是具备支付手段、价值储藏和作为计价单位的货币功能。锚定一篮子法币的稳定币在一定程度上具备作为超主权货币的条件，同时解决了两个问题：一是以加权平均克服单一主权货币的不稳定性；二是成为超主权货币的同时无须取消法定货币，克服了在不同经济体中只能发行单一货币的被动性。

四、管理命题：中央银行数字货币的萌芽和趋势

（一）央行发行的数字货币进展和动机

央行数字货币（Central Bank Digital Currencies，CBDC）的出现和发展，是一个动态的、不断演进的过程。全球主流央行对央行数字货币的态度，要比新兴市场和发展中国家的央行更为谨慎和保守。近年来，全球主流央行对数字货币的态度逐渐发生变化。截至2021年7月，全球超过90%的央行都有数字货币研究计划，其中中国人民银行的数字人民币项目最为领先。

央行研发数字货币有多重目标。从供给侧来看，促进基础设施的普及性；从需求侧来看，与一国经济与金融发展程度、公众对CBDC的兴趣等因素正相关；从理论上看，贸易开放程度越高的国家，跨境支付的需求就越高，越可能愿意使用数字现金；从零售和批发来看，零售的CBDC需要一国的创新能力来支撑，非正规金融的管理规模越大，管理当局追踪交易数据的需求就越强；从经济主

体来看，发达经济体央行研发 CBDC 主要为提升支付安全性、稳健性和国内支付效率，推动金融稳定，新兴经济体央行除提升支付安全性和支付效率外，还希望通过 CBDC 扩大金融服务受众，推进普惠金融。

（二）关于央行数字货币的创新和国际合作

数字货币的合规跨境使用一直是数字领域监管合作的重点问题，而央行数字货币从设计之初就致力于解决该问题。央行数字货币跨境合作依赖于互操作性，指使系统或机制能够与其他系统或机制有效结合使用的技术或法律兼容性。央行数字货币的跨境应用测试旨在在改善跨境支付模式的同时满足不同经济体的监管规则。一些国家地区的央行已经在尝试分布式的银行间跨境支付系统，比如欧洲央行与日本银行合作的 Stella 项目，泰国央行与香港金管局合作的 Inthanon-LionRock 项目。2021 年 7 月 15 日，中国人民银行发布白皮书，认为数字人民币具备跨境使用的技术条件，可以进行探索跨境支付试点，同时满足各国的监管及合规要求。央行数字现金在国际支付层面上的建设，正在有条不紊地进行。

（三）我国央行发行数字货币实践

我国的央行数字货币研发和应用位于世界前列。2014 年，中国成立了法定数字货币研究小组，2016 年，成立数字货币研究所，2017 年末，中国人民银行开始组织商业机构共同开展数字现金、电子支付业务尝试。数字人民币采取中心化管理、双层运营模式。

中国人民银行在数字人民币运营体系中处于中心地位，负责向作为指定运营机构的商业银行发行数字人民币并进行全生命周期管理，指定运营机构及相关商业机构负责向社会公众提供数字人民币兑换和流通服务。数字人民币主要定位于现金类支付凭证（M0），将与实物人民币长期并存。目前，研发试验已基本完成，已在部分有代表性的地区开展试点[①]。截至2021年10月末，已开立数字人民币个人钱包有1.4亿个，企业钱包有1 000万个。

（四）央行数字货币对支付、银行业和货币政策的影响

从支付领域看，由于CBDC的电子支付系统平行于当前的移动支付，可能会对第三方支付机构的支付服务形成一定挑战。由于央行数字货币采取的是"中央银行—商业银行"二元模式，用户商业银行账户将与央行数字钱包绑定，央行数字货币托管在商业银行，商业银行现金业务很可能趋于萎缩。

从货币政策看，央行数字货币对存款准备金、基础货币规模、货币乘数和货币政策传导机制都会产生影响，因为其等同于现金，可能影响商业银行的活期存款，进而影响存款准备金规模。随着央行数字货币的普及，资金支付、清算速度会变得更快，货币政策面临的挑战在于货币流通速度会不会变得更快，广义货币会不会进一步扩张。因此，货币政策相应的操作规则也许会存在迭代和更新的要求。

---

① 试点区域包括深圳、苏州、雄安、成都、上海、海南、长沙、西安、青岛、大连及冬奥会场景（北京、张家口）。

（五）数字金融监管原则：要有动态视角，不能一成不变

2021年11月，美国发布稳定币监管规则，提出要防范相关风险，要求稳定币发行者成为受保险的托管机构，托管机构应当受到监管。从数字货币、更广义的数字金融的发展趋势以及监管变革来看，在解决数字货币发展过程中相关的系统性风险和经济权力集中担忧，需要有监管、反垄断等，避免数据滥用。全球目前形成的共识是，不论稳定币还是央行数字货币如何发展，都需要形成一个面向未来的货币框架和金融监管框架。

一是要因势而变。经济和金融领域的科技化和智能化水平要提高，并不断完善适应形势变化的管理框架。二是实行监管协同。在不同的监管当局之间，不同的国家监管当局之间，可能都需要在全球范围内有完善的框架。例如1987年、1988年，全球在巴塞尔委员会框架下形成银行有效监管的核心原则，在国际上形成了具有一致性的指引。三是形成多边或者双边的合作框架。要推动在多边国际组织框架下，共同维护数字化时代的国际货币秩序。

一直以来，本国货币币值的稳定性与经济货币需求的匹配性都是中央银行货币调控的原则。数字货币的发展变化对中央银行维护币值稳定、金融系统稳定等原则已构成一定挑战。当前，各国开发的央行数字货币还仅停留在现金层面，并不能完全替代私人数字货币或形成广义货币，进一步发展完善仍有待研究。货币的数字化趋势将长期存在，中央银行未来的工作形式、跨境管理模式、货币政策采取的工具和调节的方法都将需要不断调整完善，从而更好应对数字时代的新挑战。

中国经济 50 人论坛丛书
Chinese Economists 50 Forum

第十二章　共享生产率成果的中国方案[①]

蔡昉[②]

[①] 本文根据 2021 年 11 月 25 日长安讲坛第 385 期内容整理而成。
[②] 蔡昉，论坛学术委员会成员，第十三届全国人大常委、农业与农村委员会副主任委员，中国社会科学院国家高端智库首席专家。

本篇的题目是共享生产率成果的中国方案。其实就是讨论共同富裕。除了大家担心会不会出现过多注意分配，伤害激励机制等问题，其实还有一个我们研究中面临的问题，即当我们谈到党中央、国务院做出的某项重要部署和战略的时候，不太容易把它转换成学术概念、经济学的概念，影响我们用经济学范式来看待这项战略部署背后所蕴含的经济道理，所以我把共同富裕概念转换成共享生产率成果，就是尝试做这样的实验。我们的研究不是为了注释政策，也不是简单地重复政策，而是要把政策提出的问题转化成经济学的研究，从学术的角度深入进去。

2021年8月17日，中央财经委员会提出在高质量发展的基础上，实现共同富裕，特别提到了三次分配领域，也就是说要构建初次分配、再分配和第三次分配协调配套的制度安排。共同富裕是我国实现社会主义现代化的一个根本要求。把共同富裕概念转化成生产率提高的成果共享，有利于把目的和手段更好地结合，特别重要的是使达到的目标与中间经过的路径更好地结合，也有助于我们理解初次分配的概念，再分配应该发挥怎样的功能，第三次分配包括什么内容等问题。

共享生产率有利于共同富裕的目标与实现共同富裕的手段实现统一。这里的经济学概念，一个是共享，另一个是生产率，我们在理论上可以做一些分析。改革开放实现了经济高速增长，在40多年里，这个增长速度在中国历史上是没有的，横向比较也没有在长时间内保持这么高经济增速的先例。此外，人均GDP增长速度也是一样快的。因此我们一般会说，我国创造了一个经济高速增长的奇迹。

更重要的是，我国在创造经济高速增长的奇迹时，还创造了一个社会长期稳定的奇迹。这个社会长期稳定的奇迹，除了我国的制度优势之外，从经济学的角度来说，就在于改革开放过程中的经济高速增长，被转化为人民生活水平的提高，使老百姓高度认同我国的制度，高度认同改革开放。可见，经济增长奇迹和社会稳定奇迹，两者互为条件，应该是高度统一的关系。

在经济总量高速增长的同时，我国的人均GDP也在增长，2020年人均GDP是1978年的26倍。劳动力人均GDP是1978年的22倍，就业人均GDP也提高了近20倍。当然我们也可以看到，人均GDP、劳动力人均GDP和就业人均GDP，增长速度是有所差异的（见图12.1）。这与人口的年龄结构有关。1980—2010年，中国人口有结构上的重要优势，也就是劳动力人口（中国男性为16～59岁，中国女性为 16～54 岁），在这段时间保持了比较稳定的增长。因此，劳动力人均 GDP 和人均 GDP 的增长速度产生一定的差别。但是，随着中国老龄化加剧，未来劳动力增长会减少，人口增长也减慢，劳动年龄人口实际上是负增长，也就意味着未来我国的人均 GDP、劳动力人均 GDP 与就业人均 GDP 的增长速度会越来越一致。

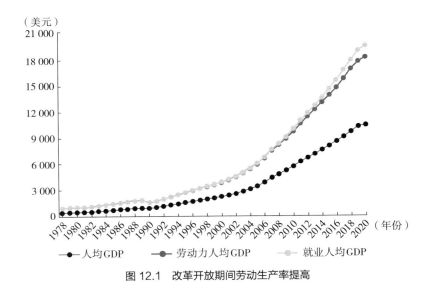

图 12.1　改革开放期间劳动生产率提高

人均 GDP 就是福利水平，反映的是国家和老百姓的富裕程度。同时，我们也可以把人均 GDP 看作劳动生产率。因此，从共享出发，可供分享的既是我们创造的财富，也是我们借以创造财富的劳动生产率。所以，生产率的提高也是要分享的，这就更接近于我们研究经济增长理论的一个命题。

按照党的十九届五中全会制定的"十四五"规划纲要的要求，中央确定了我国在 2025 年，就是在"十四五"末期要进入高收入国家行列。高收入国家按照世界银行的含义,就是人均GDP要超过1.2万美元,大体上相当于如今哥斯达黎加的水平。按照现在的潜在增长能力,即生产要素的供给与配置能力或生产率提高的可能性,我国预计在2025年,按不变价来算中国人均GDP可以达到约1.4万美元(见图12.2),也就是说进入高收入国家的行列绰绰有余,因为世界银行划分高收入国家与中等收入国家,就是用1.2万美元作为门槛标准。

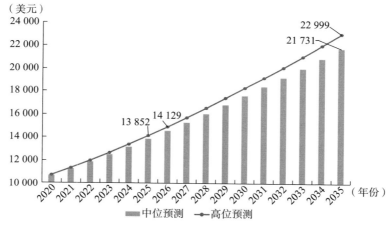

图12.2 按照潜在增长率测算未来15年预期达到的GDP

"十四五"规划还有一个目标,是在2035年步入中等发达国家行列。中等发达国家是什么含义呢?高收入国家可以三等分,一是初步达到标准的发达国家,二是中等发达国家,三是更富裕的发达国家。因此我们确定,中等发达国家就是从人均GDP达到2.3万美元开始的,相当于今天葡萄牙的水平。按照我国现在确定的达到2.3万美元人均GDP的目标,基本上是可以达到的。但是,有没有改革或者改革的深入程度不够,还会决定实现目标的成色。我国未来的目标，也可以把人均 GDP 转化成劳动生产率的水平。

我们把人均 GDP 的增长定义转化为生产率的提高，有以下几个目的。第一，有利于我国在促进共同富裕和动用再分配手段时，遵循尽力而为和量力而行两个原则。按照以人民为中心的发展思想，我们尽最大努力执行。要根据发展阶段和国情，以渐进方式推进。生产率是经济发展成果分享的必要物质条件。没有这个条件，共享和共富只能是无源之水，背离量力而行。第二，经济增长也高，生产率提高，没有所谓的涓流效应。我国必须有一系列的共享手段和路径，才能达到共同富裕。前文讲到未来 GDP 达到什么样的目标，相应地，就意味着人均可支配收入要以人均 GDP 相同的速度增长，这样才可能使我国达到共同富裕的要求，也就是说经济增长和居民收入的增长要基本同步。第三，我们强调共享生产率，这个理念有利于把初次分配、再分配和三次分配领域各种有效手段充分动员起来。

前文讲的是初次分配、再分配、第三次分配共同达到的目标，我们再分成三个分配领域单独来看一看，各自具有什么特征，各自发挥什么样的作用，各自有什么样的分工。

一、初次分配要发挥决定性的作用

三次分配各有突出的特点，其中初次分配应该发挥决定性的作用。生产率归根结底是资源重新配置的效率。如果我们按照这个概念来看，就可以想象初次分配是什么，初次分配的核心是资源配置，就是说什么样的生产要素，配置到哪个生产领域，如何形成一个生产要素组合,达到什么样的生产率,生产出什么样的产品,实现的价值又根据各种生产要素的贡献得到合理的分配。所以大家可以想象初次分配关注的是合理配置,一是要有激励,二是要讲效率,否则不能实现合理的配置。因此,激励和效率,是初次分配所关注的因素,同时这也与市场是资源配置的决定性机制相吻合。

生产率是资源重新配置,最典型的有两个阶段。

一是二元经济发展阶段,或者说收获人口红利的阶段。改革开放到2010年之前,这个阶段劳动力丰富,特别是在农业中积淀了大量的剩余劳动力,通过改革消除劳动力转移的障碍,劳动力从农业转向第二产业和第三产业。它的含义是什么呢?从微观来讲,农户从原来土地收入不高,转向挣工资从而获得更高的就业收入。从宏观来看,劳动力资源从生产率相对较低的部门(农业),转向生产率更高的部门,这个转变就是资源的重新配置,可以获得资源的重新配置效率,是这一阶段生产率提高源泉(见图12.3)。

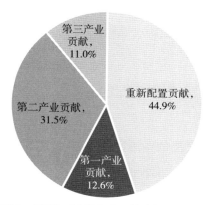

图12.3　1978—2015年我国劳动生产率贡献份额

二是边际收益递减阶段，或者说新古典增长阶段。随着劳动力人口负增长，农村劳动力虽然还将大规模转移，但是速度肯定不如过去。因此，前一种生产率贡献就会相应降低了。不过，我国进入新发展阶段，还是有资源配置的效率，如果此前是在第一、第二、第三产业间进行资源配置，现在是要在同一个行业中的企业之间进行重新配置，从图12.4中我们看到两个现象，一个是经济学家Haitwanger等人发现，在美国这样的高收入国家，生产率的提高，有1/3到1/2来自同一个行业的企业间的重新配置，即企业"有进有退，有生有死"，生存下来的是那些生产率高的企业，淘汰的是生产率低的企业，这个过程就是优胜劣汰，或者用熊彼特的话——创造性破坏。

我们同时也看到获得2020年孙冶方经济科学奖的文章，是谢长泰等人早期做的一项研究，他们发现中国在工业内部企业间生产率差距非常大。这并不合理，因为如果A企业的生产率比B企业高很多，理论上A企业应该把B企业的资源、生产要素拿来进行配置，整体效率就会提高。但是为什么这个差距还会保留呢，因为那些低效率的企业不能退出去。因此，如果允许"进退生死"的话，生产率的差异是可以缩小的。当时谢长泰等人做了模拟，如果生产率差距缩小到跟美国相同的水平，我们工业的生产率可以提高1/3到1/2。这样，我们就看到两个"1/3到1/2"，两者之间的逻辑关系说明我们尚未充分利用创造性破坏提高生产率的机制。这也就是说明还有很大的机会，未来生产率有巨大潜力，也说明应该建立创造性破坏的机制，转向新的生产率来源。

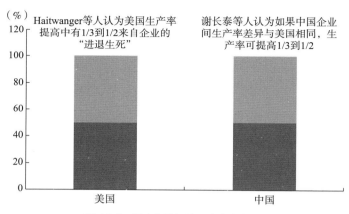

图12.4　新古典增长阶段生产率来源

归根结底,共同富裕应该是所有个体共同努力的结果。每个人都努力为共同富裕做贡献,直接表现就是需要更高质量、更多的就业岗位。因此,我们以共享生产率作为就业政策的内涵,意味着促进产业、扩大就业,转向创造更高质量的岗位,应该成为产业政策的核心。因此,共同富裕不仅是分配领域的事情,也不仅是再分配领域的事情,还是初次分配领域资源配置的事情,也是生产率提高的过程。所以发育劳动力市场,构建劳动力市场机制,都是共享生产率的重要手段,也是初次分配领域能够把公平与效率、激励和分享加以统一的不可或缺的制度变革。

从就业角度来讲,落实好就业优先政策,关键在于把就业优先置于宏观政策层面。即要求政府的各个部门,能够统一部署,同时各司其职,共同为积极就业政策做贡献。下面我从三类积极就业政策来讨论。

一是制定产业政策时,应该确保在经济增长和结构变化过程中，就业的创造要大于就业的破坏。经济增长、结构变化，都是熊彼特式的创造性破坏，有创造、有破坏，没有破坏也难以创造，但是对就业来说，因为劳动力的载体是人，所以就业的创造和就业的破坏，不能是同等的，不能先破坏了再去创造，这里必须强调以人为中心，这是产业政策的一个重要的方面，也是在每一项实现共同富裕的政策中必须遵循的原则。

二是公共就业服务从培训等方面促进劳动力供求的市场匹配，解决自然失业现象。图 12.5 展示了失业率的情况，可以看到是有波动的。因为失业率是由三种类型的失业现象组成的。第一种叫作结构性失业，也就是说劳动力有供给也有需求，但是工人所能提供的技能与需求不匹配，因此，工人必须先解决技能问题，如接受培训才能够实现劳动力匹配。在此期间，工人就经历结构性失业。由于结构性失业与经济周期及经济增长快慢没有关系，所以是一种自然失业现象。第二种叫作摩擦性失业，即因为市场功能还不够健全，找工作的工人与需要工人的雇主无法见面，在此期间，这些人就处于摩擦性失业。因此，结构性失业和摩擦性失业合起来是自然失业。第三种叫作周期性失业，是宏观经济遭金融危机、经济衰退等情况下，对就业需求不足产生的周期性现象。

自然失业是比较稳定的，不受经济周期的影响。据研究者估算，在 2000 年前，自然失业率是 4% 左右。但是随着市场越来越复杂，产业结构变化和技术更新越来越快，技能很难跟需求匹配的情况趋于严重化，因此失业率倾向于提高。所以大体上我认为，在 2000 年之后自然失业率提高到略高于 5%。调查失业率与自然失业率的差额，就是周期性失业。公共就业服务所要解决的是自然失业现象，即提供培训和职业介绍等，提高劳动力市场的功能的效率，尽可能地减少劳动者处在自然失业状态。

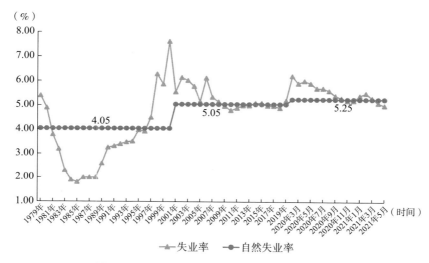

图12.5　1979—2021年我国失业率与自然失业率

三是宏观经济调控部门解决周期性失业问题。货币政策和财政政策以劳动力市场信号为依据，比如以城镇调查失业率为依据，来决定宏观经济政策该不该出手，出手力度该多大，需要持续多长时间，往哪些方面用力等。

以上这三个方面统一起来，就是把就业优先置于宏观政策的层面，相应地，也就是促进共同富裕最基础的部分，因为每个人都努力工作，才是共同富裕的不竭源泉。

同时，共同富裕意味着扩大中等收入群体规模，形成两边小、中间大的橄榄型社会结构。这样一种社会结构靠社会流动。社会流动又分两部分：一是横向流动，农民工从原来务农或者在农村就业，转移出来成为劳动者，职业发生了变化，就业地域也发生了变化；二是纵向流动，是指收入和职业的向上流动。但是，由于现行户籍制度约束，很多农民工在城市工作但无法落户，享受不到均等的基本公共服务。目前中国农民工总数是 2.9 亿人，其中 1.17 亿人没有离开本乡镇，1.74 亿人是离开户籍所在乡镇，其中主要的部分是进入城市，长期稳定在城市的农民工是 1.35 亿人。这部分人固然流动了，收入状况也改善了，但是他们没有解决户籍身份的问题，因为还没有得到向上流动的社会阶梯，所以就没有在教育水平、职业类型、收入分组、社会身份等方面进行纵向流动。扩大中等收入群体的规模就要打破这种对社会纵向流动的抑制。户籍制度改革就是拆除阻碍社会性流动的制度障碍的根本举措。

二、政府主导的再分配如何与时俱进

加大再分配力度，也就意味着在共享生产率的过程当中，能够更好地发挥政府的作用。一是现实中有需求，民有所呼，我有所应。二是国家现代化的必由之路。图 12.6 横坐标显示一个国家的人均 GDP，其实也可以把它看作劳动生产率，纵坐标是政府的社会支出占 GDP 的比重，就是社会福利水平或者社会保障水平。从图中可以看到随着人均收入、劳动生产率的提高，政府支出占比是有提高的趋势，而提高最快是人均 GDP 为 1 万~2.5 万美元，在这期间政府平均社会支出占 GDP 比重要提高 10 个百分点，大概从 26% 提高到 37% 的水平。那么这个阶段对应的是中国的什么阶段呢？中国现在人均 GDP 刚刚超过 1 万美元，在今后 15 年，我国第一步要成为高收入国家，第二步要成为中等发达国家，也恰恰是人均 GDP 从 1 万到 2.5 万美元的时期。因此在这个时期，我们显著提高社会福利水平，加大再分配力度，是有一般规律作为依据的。

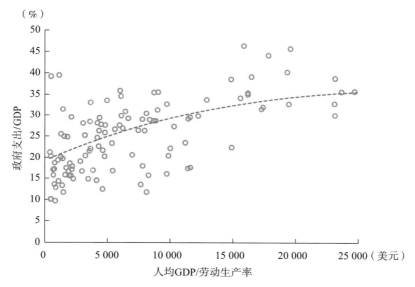

图 12.6　政府更好发挥在共享生产率中的作用

同时，我们要建设具有中国特色的社会福利体系。从我们讲的"七个有所"，尤其从幼有所育到老有所养这个系列，可以看到中国特色全生命周期的基本公共服务体系，"七个有所"也是我们的基本公共服务项目清单，国家已经颁布了基本公共服务的最新标准，做出了相应服务的标准要求，确认了政府的职责和财政支出的保障。

我们可以看到，政府的社会支出占 GDP 比重，在提供各种基本公共服务的同时，也有助于解决收入分配的问题。一方面，直接通过税收和转移支付，把基尼系数水平降低。比如OECD国家在初次分配之后，它们的基尼系数仍然是很高的，都在0.4以上，甚至在0.5以上，但是通过税收与转移支付手段，把基尼系数平均降低1/3以上，达到了0.4以下的基尼系数水平。另一方面，还会通过基本公共服务和社会保护等，创造均等的机会，促进社会流动性，也起到缩小差距的效果。图12.7是OECD国家社会支出占GDP比重与基尼系数之间的关系，可以看到政府再分配力度越大，政府社会保护力度越大，基尼系数也就越低。这也是具有一般规律的。

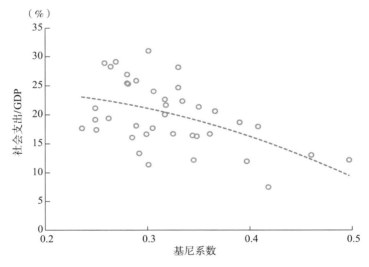

图 12.7　OECD国家社会支出占GDP比重与基尼系数

目前，中国的城乡收入差距、人均收入差距还是比较高的。2008年以来，特别是党的十八大以来，收入分配取得了比较显著的改善。但是改善到一定程度之后，就遇到了一个天花板，此后就没有明显再往下降，基尼系数仍然保持在0.4以上，目前大概是0.465。这个状态就提示我们，要破除收入差距持续过大的问题即所谓"皮凯蒂不等式"，最终要靠再分配。再分配可以说是缩小收入差距，或者实质性缩小收入差距的终极手段，这一步是必须要走的。

再分配是否只是进行重新分配而已？其实不然。再分配的重要手段与提高生产率的要求是一致的。从图12.8可以看到社会支出占GDP比重越高，劳动生产率水平也就越高。就是说在市场竞争的条件下，意味着有输有赢，有优胜劣汰，有创造性破坏。对于企业来说，固然可以创造性破坏，对于产能来说也可以破坏，但是唯独对人（劳动力的载体是人），你不能破坏他的基本生活，永远要予以保障。因此不仅仅是在中国，在很多其他国家，不论是企业、职工，还是政府、民众，都会以保护劳动就业的名义，要求政府来保护企业。也许有的时候保护企业是需要的，但是更多的时候是保护低生产率，保护落后。因此，本来应该退出的、应该倒闭的企业还存在，甚至还造就了很多"僵尸企业"。

怎么解决这个两难呢？即要保护劳动者，但又不能因此而保护了落后生产能力。最重要的做法就是把保护仅仅界定在社会层面，而不要停留在竞争层面，不要停留在企业层面。因此，任何一家企业无论成功还是失败，劳动者本身都不应该成为赢家或者输家。可见，有了社会保护，就不再惧怕和规避创造性破坏。这就是为什么在这些OECD国家，社会保护水平和劳动生产率是正相关的关系。总之，再分配以及由此构成的基本公共服务体系，是创造性破坏、优胜劣汰与生产率提高的有力保障。

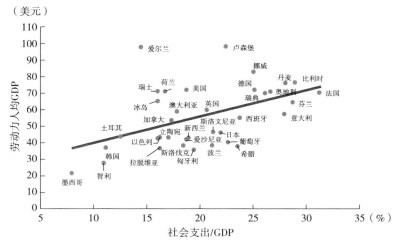

图 12.8 在市场竞争下 OECD 国家生产率

三、第三次分配更应强调企业社会责任

第三次分配是有益补充，既可以补充初次分配，又可以补充再分配。虽然第三次分配只是补充，但这个补充也是非常重要的。

我们讲到第三次分配的时候，经常提到企业多做贡献，社会捐赠、慈善事业等。但是，第三次分配对企业来说不是一个百分比，也不是拿出多少钱，其实第三次分配领域有很多内涵。第三次分配是再分配的必要补充，是企业必须履行的社会责任，是个人体现诚信、友善的日常行为准则，也是社会和谐、增强凝聚力的必要途径。我们着眼于企业社会责任进行一些分析。

企业在经营创造利润的时候，投资与创新理念是否符合社会责任要求，其结果是不一样的。在过去几十年里，从国际范围来看，企业经营对所有者即股东负责任，为股东创造最大收益，这是一个颠扑不破的准则。有学者提出，企业家和企业不仅要对所有者或股东负责，还要更多体现社会责任，兼顾所有者、职工、消费者、合作企业、社区和全社会的共同利益。有很多值得创新的领域，企业并没有去做，就是因为它们不能直接增加企业利润，不能给所有者创造最大化的利润。

我可以列举一些这样的领域，比如改善人民身心健康的公共卫生供给；拓展居民享受的各种空间，包括文化娱乐等；提升人力资本；通过家务劳动社会化，拓展家庭时间预算曲线，使劳动参与和生育、养育、教育孩子之间的时间分配能够更加兼顾社会与家庭利益；如何协调代际关系，特别是老龄化加剧下的代际关系；协调促进可持续发展，应对气候变化，实现绿色发展；确立技术创新和技术应用的导向，比如一种服务模式的功能的算法中有没有导致老年人面临技术鸿沟的倾向，是否对于受教育程度低群体的歧视；企业发展是否创造了更多、更好、更高质量的岗位，还是说仅仅创造了一些非正规就业岗位；科技创新是否有远见，是否进入准公共物品性质的科技应用等。这些都可以成为企业的社会责任。如果在初次分配中，我们更加注重激励机制与效率，在再分配中我们更加注重公平，其实在第三次分配中，企业完全可以把社会责任与企业盈利结合起来。企业不仅可以贡献社会责任，也可以从中获得发展机会。例如，近年来老龄化程度越来越高，生育率越来越低。第七次全国人口普查显示，我国总和生育率只有1.3，我国进入了世界上最低生育水平的行列。

我收集了180多个国家和地区的总和生育率，各个国家的生育率参差不齐，高的仍然可以有五六个孩子的，低的则低到2.1甚至更低，中国是1.3。在生育水平差异这么大的情况下，联合国研究人员在不同国家调研，发现一个很有意思的结论：无论是高生育率国家还是低生育率国家，如果问理想家庭的孩子数，回答具有很强的一致性，平均而言都认为两个孩子最理想。这就意味着2.1这个更替水平生育率，其实也是人们意愿的生育水平。那就意味着从非常高的生育水平下降是一个趋势，是符合规律的，从很低的水平向2.1反弹，其实也是一个规律。

研究这些规律，就要看从很高生育率水平下降需要什么条件，也要看从低生育率水平向2.1回归需要什么样的条件。阻碍回归更替水平生育率的条件，通常是生育、养育和教育成本太高。在国际上，人类发展指数越高，生育率通常也就越低，但是人类发展水平高到一定程度，意味着"三育"（生育、养育、教育）成本不再发挥作用，生育率就可以有反弹的机会。人类发展指数是人均GDP加预期寿命以及教育水平等形成的综合指标，社会福利水平、基本公共服务水平都体现在其中了。因此，社会福利水平的提高是有利于提高生育意愿的。

一个家庭在就业与生孩子之间，即劳动参与率与生育率之间要进行权衡选择，两个因素形成一个家庭的财务预算约束，以及家庭的时间预算约束。比如家庭时间约束，一个人一天只有24小时，还要睡觉和休息，余下的时间就要在劳动参与率与生育率之间做抉择。但是预算线是可以改变的，收入水平可以改善，就会相应改善家庭的财务预算线。同样地，家庭时间预算线其实也是可以改变的，总的来说，人类发展水平越高，家庭预算约束的改善幅度也就越大。

我们可以继续看与此相关的例子，2018年，国家统计局进行了一项调查，显示出城乡居民家庭在从事两种活动之间的时间分配，一种叫作有酬劳动，也是创造GDP的活动，主要包括就业、经营和交通。另一种叫作无酬劳动，包括做家务、照料老人孩子和其他和家庭有关系的活动（见图12.9）。这两种劳动时间的分布是，平均每人每天311分钟从事有酬劳动，164分钟从事无酬劳动，两者比例是1∶0.53。如果我们认为家务劳动这一块负担过重的话，可以把家务劳动社会化或者市场化，变成有酬劳动，这就会创造新的就业岗位，同时也可以提高总规模GDP。事实上这个比重是比较高的，我对比做了一些比较。虽然其他国家关于从事家务劳动时间占比的数据并不全，但一些国家也有类似的调查，看上去这些国家的情况与我们没有明显差别，但是，由于中国女性就业率远远高于其他国家，特别是远远高于其他发展中国家，这样也就意味着，在中国女性就业时间多一倍的情况下，花同样时间从事家务劳动，即意味着她们的负担太重。这个例子其实只是一个缩影，是我国养育生育教育成本高的一个象征。

因此，如果可以在更大的程度上实现家务劳动社会化，可以减轻家务劳动的负担，进一步提高妇女劳动参与率，拓宽经济活动范围，拓展家务的时间约束曲线，还可以取得扩大消费、提高生育意愿等效果，以及在各个方面的可预期和未曾预料到的效应。对企业来说，帮助解放家务、提高生育意愿也是一种社会责任，同时也是额外的商机。未来中国经济增长，越来越受到需求侧的制约，特别是消费需求的制约。因此对任何企业来说，能够看到消费侧的盈利机会，就是投资增长点，也是中国经济的增长点。

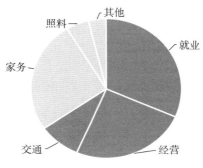

图 12.9　有酬劳动和无酬劳动时间

企业应该意识到社会责任与提高效率和盈利二者之间并非矛盾。如果企业提供的工作是一个高质量的岗位，通过"996"加重职工负担是不可能提高生产率的。有一些国家试行了 4 天工作制，也有一些国家试行每天 5 小时工作制，还有一些企业在新冠肺炎疫情流行期间，把职工上班时间缩短了，最后发现缩短了工作时间以后，并没有降低生产效率。反过来过劳过累甚至猝死既是降低企业效率，又没有做到以人为本。因此，这很显然是一个社会责任，做到这一点，也许比拿出某个百分点的直接贡献更重要。

我想三次分配各有各的功能和独特作用，同时也服务于共同目标。党的十九届六中全会再次重申共同富裕的基本要求，坚持发展为了人民，发展依靠人民，发展成果由人民共享。按照这个要求，同时从共享生产率来考虑共同富裕，使得我们的研究能够有一个切入口。从事经济学研究，不能与政策相脱节，总在重复政策语言也无所助益。要强调共享生产率有利于我们突出促进共同富裕要尽力而为与量力而行相统一的原则,这样能够让三次分配服务共同目标,而非此消彼长。或许很多人最担心的就是产生此消彼长的效应,问题在于,任何政策的实施效果都不是自然而然的,而在于我们怎么做,事在人为。所以,一旦我们能够有更好的认识和更好的实践,就能够破除公平和效率不可兼得的传统信条。

附录 1

中国经济 50 人论坛简介

中国经济 50 人论坛,是由我国经济学界部分有识之士于 1998 年 6 月在北京共同发起组成的、独立的学术群体。论坛聚集了具有国内一流水准、享有较高的社会声誉并且致力于中国经济问题研究的一批著名经济学家。

论坛以公益性、纯学术性为原则,组织年会、长安讲坛、内部研讨会、各地经济理论研讨会、国际学术交流等研究活动,深入探讨中国宏观经济改革等重大课题。论坛学术讨论秉承三个基本因素:一是有超前性学术研究的需要,二是有讲真话的学术作风,三是有相互尊重的学术氛围。论坛宗旨是把各个领域有着深入理论研究的专家,对中国经济问题及政策建议的研究成果集合起来,希望用他们研究的思想精华推动深化结构性改革,促进中国经济转型和持续稳定增长。

论坛依据章程,实行定期换届选举,确保论坛组织和成员的更新与活力。

论坛学术委员会是论坛的最高领导机构,负责论坛活动的规划与指导。

第四届论坛学术委员会成员:白重恩、蔡昉、樊纲、江小涓、隆国强、杨伟民、易纲。

论坛学术委员会荣誉成员:吴敬琏、刘鹤。

论坛秘书长:徐剑。

附录2

中国经济 50 人论坛成员名录

（第四届）

论坛学术委员会荣誉成员：

吴敬琏　　刘　鹤

论坛学术委员会成员：

白重恩　　蔡　昉　　樊　纲　　江小涓　　隆国强
杨伟民　　易　纲

论坛成员（以姓氏拼音排序）：

白重恩	清华大学经济管理学院院长、教授
蔡　昉	第十三届全国人大常委、农业与农村委员会副主任委员，中国社会科学院国家高端智库首席专家、学部委员、研究员
曹远征	中银国际研究有限公司董事长，教授、研究员
陈东琪	中国宏观经济研究院研究员
陈锡文	第十三届全国人大常委、农业与农村委员会主任委员，教授

樊　纲	中国经济体制改革研究会副会长，国民经济研究所所长，中国（深圳）综合开发研究院院长，教授、研究员
方星海	中国证券监督管理委员会副主席
郭树清	中国人民银行党委书记、副行长，中国银行保险监督管理委员会党委书记、主席，研究员
韩　俊	吉林省人民政府省长，研究员
韩文秀	中央财经委员会办公室分管日常工作的副主任
黄益平	北京大学国家发展研究院副院长、教授
江小涓	第十三届全国人大常委、社会建设委员会副主任委员，中国行政管理学会会长，教授、研究员
李剑阁	孙冶方经济科学基金会理事长，研究员
李　扬	国家金融与发展实验室理事长，中国社会科学院学部委员、研究员
廖　岷	中央财经委员会办公室副主任，财政部副部长
林毅夫	第十三届全国政协常委、经济委员会副主任，北京大学国家发展研究院名誉院长、教授
刘尚希	中国财政科学研究院院长、研究员
刘世锦	第十三届全国政协经济委员会副主任，中国发展研究基金会副理事长，研究员
刘　伟	中国人民大学校长、教授
刘元春	上海财经大学校长、教授
隆国强	国务院发展研究中心副主任、研究员
楼继伟	第十三届全国政协常委、外事委员会主任，研究员
陆　磊	国家外汇管理局副局长，研究员
马建堂	国务院发展研究中心党组书记、研究员

钱颖一	清华大学经济管理学院教授、清华大学文科资深教授
宋晓梧	北京师范大学中国收入分配研究院院长，研究员
汤　敏	国务院参事，友成企业家扶贫基金会副理事长
汪同三	中国社会科学院学部委员、研究员
王　建	中国宏观经济学会副会长、研究员
王一鸣	中国国际经济交流中心副理事长，研究员
魏　杰	清华大学文化经济研究院院长、教授
吴晓灵	清华大学五道口金融学院理事长，研究员
夏　斌	当代经济学基金会理事长，中国首席经济学家论坛主席，研究员
肖　捷	国务委员兼国务院秘书长
谢伏瞻	中国社会科学院学部委员、研究员
许善达	国家税务总局原副局长，高级经济师
徐　忠	中国银行间市场交易商协会副秘书长，研究员
杨伟民	第十三届全国政协常委、经济委员会副主任，教授
姚　洋	北京大学国家发展研究院院长、教授
易　纲	中国人民银行行长，国务院金融稳定发展委员会副主任，教授
余　斌	国务院发展研究中心副主任、研究员
余永定	中国社会科学院学部委员、研究员
张维迎	北京大学国家发展研究院教授
张晓晶	中国社会科学院金融研究所所长、研究员
张晓朴	中央财经委员会办公室经济一局局长，研究员
周其仁	北京大学国家发展研究院教授
周小川	博鳌亚洲论坛副理事长，教授、研究员

附录 3

中国经济 50 人论坛企业家
理事会成员名录

召 集 人：段永基　　郁　亮

秘 书 长：林荣强

副 秘 书 长：王小兰

监 事 会：段永基　　林荣强

理事会成员（以姓氏拼音排序）：

曹德云	中国保险资产管理业协会执行副会长兼秘书长
陈东升	泰康保险集团股份有限公司董事长兼首席执行官
邓召明	鹏华基金管理有限公司总裁
丁建勇	上海东昌企业集团有限公司董事长
段国圣	中国保险资产管理业协会会长，泰康资产管理有限责任公司首席执行官
段永基	四通集团公司董事长
桂松蕾	中新融创资本管理有限公司董事长

黄朝晖	中国国际金融股份有限公司首席执行官
林荣强	信远控股集团有限公司董事长
林　涛	贝壳找房（北京）科技有限公司高级副总裁
刘光超	北京市道可特律师事务所主任
刘晓艳	易方达基金管理有限公司总裁
刘志硕	中关村并购母基金合伙人，大河创投创始合伙人
卢志强	中国泛海控股集团有限公司董事长兼总裁
宁　旻	联想控股股份有限公司董事长
潘　刚	内蒙古伊利实业集团股份有限公司董事长兼总裁
潘仲光	上海潘氏投资有限公司董事长
平　凡	上海朗盛投资有限公司董事长兼首席执行官
汤道生	腾讯科技（北京）有限公司高级执行副总裁
田晓安	北京字节跳动科技有限公司副总裁
田熠菲	新理益集团有限公司总裁
王小兰	时代集团公司总裁
杨宇东	第一财经总编辑
郁　亮	万科企业股份有限公司董事长
张　进	江苏神通阀门股份有限公司合伙人
张　毅	金杜律师事务所中国管理委员会主席
张志洲	敦和资产管理有限公司首席执行官
赵　民	北京正略钧策管理顾问有限公司董事长
周远志	新意资本基金管理（深圳）有限公司总裁
朱德贞	厦门德屹股权投资管理有限公司董事长